Felix Abraham

Die Diamant-Gesellschaften Südafrikas

Felix Abraham

Die Diamant-Gesellschaften Südafrikas

ISBN/EAN: 9783743390973

Hergestellt in Europa, USA, Kanada, Australien, Japan

Cover: Foto ©Suzi / pixelio.de

Weitere Bücher finden Sie auf **www.hansebooks.com**

Die Diamant-Gesellschaften Südafrikas.

Ihre Geschichte und Entwicklung

vom

finanziellen Standpunkt aus

bearbeitet von

Felix Abraham
Vertreter auswärtiger Bankhäuser.

Berlin.
Hugo Steinitz Verlag.

Inhalt.

	Seite.
Vorrede	5—6
Entdeckung von Diamanten in Afrika	7—9
Geognostisches	10—11
Englische Annexion Griqualands	12
Folgen der Annexion. Diamanten-Diebstahl	13—14
Gründung von Diamanten-Gesellschaften	15
Die Gründerzeit Südafrikas	16
Der grosse Krach Südafrikas	17
Executions-Verkäufe	18
Europa beginnt Diamant-Shares zu kaufen	19
Aufblühen der Diamant-Industrie	20—21
Methode, die Position einer Gesellschaft zu prüfen	22—24
Characteristik der vier Diamantfelder	25—28
Kimberley-Mine. Central, Standart, French Cie.	28—32
De Beers-Mine. De Beers Cie.	33—36
Bultfontein-Mine. French Desterre, Adamant, Bultfontein Cie.	36—38
Dutoitspan-Mine. Griqualand, Anglo-African, Phönix Cie.	38—41
Bilanzen	42—103
Central 42—59, Standart 60—63, French 64—67, Beers 68—75, Desterre 76—79, Adamant 83, Bultfontein 84—87, Griqualand 88—91, Anglo 92—95, Phönix 96—103.	
Die allgemeine Fusion	105—111
Neueste Nachricht	113—115

Vorrede.

Ich gehe schon heut an die Herausgabe einer zweiten Auflage meiner im Juli dieses Jahres erschienenen Schrift: „Ein Wort über den Stand der namhaftesten Diamant-Gesellschaften Südafrikas, ohne die Vorrede mit den üblichen stolzen Worten „gestützt auf die freundliche Aufnahme" oder „vielfach geäusserten Wünschen entsprechend" zu beginnen. — Noch ehe die erste kleine Auflage vergriffen, ist das ganze Ding als in vielen Theilen veraltet bei Seite zu legen. Ich darf dies ohne Beschämung eingestehn, denn seit drei Monaten vollziehen sich auf den Diamantfeldern Wandlungen von ausserordentlicher Tragweite mit so erstaunlicher Schnelligkeit; ein Ereigniss drängt das andere, dass der Berichterstatter mit stenographenartiger Geschwindigkeit arbeiten muss, will er nicht im Rückstand bleiben.

Da ich mir ausser der pflichttreuen, objectiven Berichterstattung für die zweite Auflage noch die Aufgabe gestellt habe, den vielfach verbreiteten irrigen Ansichten über das Wesen der Diamantgewinnung entgegenzutreten, die sogar in einer angesehenen österreichischen Zeitung, in der bekannten bilderreichen Sprache, die dem Verfasser des finanziellen Theils des Blattes eigen, zum Ausdruck kommen, — so gebe ich, wie aus dem entsprechend geänderten Titel hervorgeht, auch eine kurze Uebersicht der Geschichte der Entdeckung und Gewinnung der Diamanten in Südafrika. Die Daten verdanke ich zum Theil privaten Berichten eines ehemaligen Bewohners des Caplandes, zum Theil Ernst von Weber's interessantem Reisewerk „Vier Jahre in Südafrika" 1871—1875 und der Schrift „Südafrika bis zum Zambesi" von Professor Gustav Fritsch.

Im Jahre 1867 wurde der erste Diamant in Südafrika auf der Farm des Bauers Jacobs am Oranjestrom, siebzehn Stunden westlich von Hopetown, von einem Straussjäger Namens John O'Railly gefunden. — O'Railly verstand sich nicht auf Edelsteine, er hatte aber eine unbestimmte Ahnung, der Stein müsse Werth haben, könne vielleicht ein Diamant sein. — Trotzdem er desswegen von allen Seiten verlacht wurde, begab er sich doch nach Grashamtown und liess seinen Fund dort von einem Gelehrten untersuchen, der ihn wirklich für einen Diamanten von $22^1/_2$ Karat erklärte. Durch Vermittlung des Colonialsecretairs wurde der Stein nach London an die Firma Hunt & Roskill geschickt, und nachdem er von derselben auf 500 Lstrl. taxirt worden, vom Generalgouverneur der Capcolonie Sir Philipp Woodhouse für diesen Preis von O'Railly gekauft.

Die Kunde hiervon ging wie ein Lauffeuer durch das Land, und bald sah man die Eingeborenen in hellen Haufen die Ufer des Oranjestroms, — mit welchem Erfolg ist heut nicht mehr festzustellen —, absuchen.

Ein Kaffer Namens Swartboy machte 1869 den ersten grossen Epoche machenden Fund, — es war ein riesiger Stein, den er sofort an einen Farmer für Lstrl. 400 verkaufte. Von diesem kauften ihn Mosenthal brothers in Hopetown für Lstrl. 11200, und dieser selbe Stein, der

83½ Karat wog, wurde geschliffen, unter dem Namen: „Stern von Südafrika" in der ganzen Welt bekannt und ging schliesslich für den Preis von Lstrl. 25 000 in den Besitz des Earl of Dudley über.

Nach solchem Funde trat natürlich sofort eine Wallfahrt aus allen Theilen der Erde nach dem Südafrikanischen Eldorado, dem Vaalflusse, ein. — Ende 1869 hatten sich um Pniel schon 5000 Digger eingefunden, die mit gutem Erfolge nunmehr die Flussufer nicht nur wie bisher an der Oberfläche durchsuchten, sondern systematisch ausgruben und auswuschen. Im December 1870 kehrte ein Digger Namens Robinson in der Farm Dutoitspan, welche von Pniel etwa 11 Stunden entfernt, ein, und entdeckte in einer Flasche, mit welcher die Kinder des Farmers spielten, unter andern Quarz und Kieselsteinen 22 kleine Diamanten. Schlau und schweigsam forschte er nach dem Fundorte der Steine und bemerkte bald, dass der Lehm, aus dem die Farm erbaut, kleine Diamanten in Menge enthielt. — Später stellte sich heraus, dass der ganze Hügel, auf dem die Farm in einer muldenartigen Vertiefung stand, in seiner eigenthümlichen blaugrauen Erde Diamanten berge. —

Sobald nun die Kunde nach dem Vaalflusse drang, dass man in Dutoitspan Diamanten weit müheloser und reichlicher als am Flussufer finde, wälzte sich der Strom der Digger dorthin. — Schon anfangs 1871 war das Gebiet des idyllischen Farmers von Dutoitspan ganz ohne seine Einwilligung, ohne dass er auch nur gefragt worden wäre, von den Diggers mit Zelten, Häusern, Kaufläden, Werkstätten, Caféhäusern, sogar mit einer Kirche bebaut.

Grade als dem gemüthlichen Farmer die Sache doch anfing zu bunt zu werden, traten englische Speculanten an ihn heran, kauften ihm seine 6500 Acker für ein Spottgeld ab, und gaben ihm dadurch seine beschauliche Ruhe wieder. Dieser Kauf war die erste Operation der South African Exploration Company deren Actien (10 Schilling eingezahlt) jetzt ca. 11 Lstr. stehen. — Wenig später, im März 1871 entdeckte man $^1/_4$ Stunde westlich auf der Farm Bultfontein und $^3/_4$ Stunden nördlich auf der Farm Old de Beers neue Diamantlagerstätten. Auf dem wenig weiter nördlich gelegenen Hügelland De Beers New Rush (jetzt, nachdem in nächster Nähe die Diamanten-Stadt Kimberley erstanden, Kimberley-Mine genannt) trat dieselbe Erscheinung zu Tage. Bald waren alle diese Terrains von englichen Gesellschaften angekauft, welche sie parzellenweise (claims à 30 engl. Fuss im Quadrat) an Digger käuflich auch pachtweise abgaben.

Aus diesen historischen Notizen haben wir gesehen, dass das Vorkommen der Diamanten ein doppeltes ist. — Diamanten finden sich danach im angeschwemmten Boden des Flussbettes (River Diggins) oder entfernt von demselben in kesselartigen Bodenvertiefungen eines Hügelterrains (Dry Diggins). — Ist die Entstehung derselben auch immer noch ein Räthsel, so ist doch ihr Vorkommen durch den deutschen Geologen Dr. Cohen in kaum noch angezweifelter Weise aufgeklärt.

Jene kesselartigen Bodenvertiefungen sind die Ueberreste vorsündfluthlicher Krater. Ein grünes Gestein umschliesst den Rand der Mulde und senkt sich trichterförmig unermesslich tief in den Boden (Reef). Dieser Steintrichter ist angefüllt mit den Trümmerschichten, die Erderuptionen hinterlassen, einer mit Kies und Gestein untermischten, eigenthümlichen blaugrauen, tuffsteinartigen und diamanthaltigen Thonerde (blue ground). Bei Gelegenheit einer Erderuption wurde der Diamant aus der Tiefe sozusagen wie Schrot in diese Thonmasse hineingeschossen. Die Thatsache, dass je weiter der Abbau fortschreitet, je zahlreicher Diamanten vorhanden, bestätigt die Richtigkeit der Cohenschen Ansicht. Spätere Wasserfluthen haben an diesen Vulcantrümmern genagt und ihnen ihre eigenthümliche Structur gegeben. — Dann bahnte sich das Wasser als Vaal-Fluss seinen regelmässigen Abfluss mit anderem Geröll auch Diamanten in das Flussbett schwemmend. Es ist evident, dass unter diesen geognostischen Verhältnissen die Diamantgewinnung mit der Gewinnung anderer Montan produkte wenig gemein hat. — Metalle und Kohle findet man in Adern. Flözen, oder wie man sonst das schichten weise Vorkommen nennen mag. — Der Bergmann folgt abbauend der Ader, bis mit ihrem gewöhnlich unerwarteten Versiegen das Erträgniss des Werks aufhört. — Anders beim Diamantbau. — So lang der Digger Erdreich, also auf den Diamantfeldern blue ground fördert, gewinnt er Diamanten. Allerdings ist der blue hier reicher, dort ärmer, oft auch an einer Stelle schichtenweise reicher und ärmer, er ist auch mit felsigem Gestein und Kies (floating reefs) untermischt, aber diamantlosen Blue giebt es erfahrungsmässig auf den Diamantfeldern nicht, und die emsigsten Bohrungen haben in allen vier Minen Kimberley, De Beers, Bultfontein und Dutoitspan für viele Jahrzehnte langen Abbau blue ground genug constatirt. Die vielfach ausgesprochene Befürchtung, dass die Ertragsfähigkeit der Minen in absehbarer Zeit aufhören müsse, ist somit ganz unbegründet.

Nach dieser kurzen Abweichung auf ein anderes Gebiet, fahre ich in der Geschichte der Diamantfelder fort.

In Ruhe und Ordnung nahmen die Arbeiten auf den Diamantfeldern im Oranje-Freistaat ihren recht erfolgreichen Fortgang, da erschien am 7. November 1871 auf dem Marktplatz von De Beers new Rush, also zwischen den ersten Häusern der heutigen Stadt Kimberley, ein kleiner Trupp englischer Polizisten. Ein Constabel zog mit der seinen Landsleuten eigenen Ruhe die Oranje-Staat-Fahne vom Mastbaum herunter, hisste die englische auf und beehrte sich dem sprachlosen Publikum vorzulesen, dass England sämmtliche Diamantfelder also Dutoitspan, Bultfontein, De Beers und De Beers new Rush (Kimberley) nebst allen Flussdiggins annectirt habe. In so einfacher Form erfolgte die Besitzergreifung von Griqualand durch England. — Das Volk Griqualands stammt von Mischlingen, Niederländischer Boers und Hottentottenfrauen. Die Boers hatten Anfangs dieses Jahrhunderts die Capcolonie verlassen und jenseits des Oranjeflusses einen unabhängigen Freistaat gebildet, der durch Flüchtlinge oder freiwilligen Uebertritt Farbiger von Stämmen des inneren Afrikas auf 130,000 Einwohner angewachsen war.

Abgesehen von einem formellen Protest, an dessen Abfassung der Oranje-Staat etwa vier Wochen lang arbeitete, (November, Dezember sind dort heisse Monate, und wahrscheinlich befand sich das Ministerium in den Hundstagsferien) — kümmerte sich wohl kaum ein Mensch in der Welt ernstlich um dies politische Ereigniss. Die Digger hatten eben mehr zu thun als Politik zu treiben, und auch in Europa beschäftigte man sich 1871 mit zu wichtigen Dingen, um nach Südafrika zu schauen. — Bald genug aber merkten die Digger wie verhängnissvoll ihnen diese politische Wandlung werden sollte. — Die augenblicklich eintretende sehr erhöhte Steuerbelastung wäre leicht zu ertragen gewesen, aber da England sofort den Schwarzen (Negern, Kaffern, Zulus), welche in den Gruben als Sclaven, wenn auch nicht in des Wortes voller Bedeutung, arbeiteten, unverkürzte bürgerliche Rechte gewährte, so entstanden bald die bedrohlichsten Verhältnisse zwischen den Diggern und ihren Schwarzen, die in zahllose Arbeiter-Aufstände ausarteten.

Ein mit rigoroser Strenge bisher gehandhabtes Verbot, von einem Schwarzen Diamanten zu kaufen, wurde natürlich, als englischen Anschauungen widersprechend, aufgehoben. — Im jungen Bewusstsein ihrer Menschenwürde fingen die Schwarzen schnell genug an, menschlich zu fühlen, und einen eminent ausgebildeten Erwerbssinn an den Tag zu legen. Von Europäischen üblen Subjekten, die sich in Horden, zum Theil im Sold von angesehenen Europäischen Handlungshäusern, dort umhertrieben, verleitet, und durch Englands liberale Gesetzgebung geweckt, — wurden sie zu den abgefeimtesten Spitzbuben und Gaunern, und bestahlen die Claimbesitzer in so raffinirter Weise, dass ihnen nicht beizukommen war. Was sollte der arme Digger machen? — Während der Arbeit verschluckt der Schwarze einen Stein im Werth von 100 Lstrl., Nachts verkauft er ihn in der Schnapskneipe für die Hälfte, und macht sich vergnügt sofort auf den Weg nach seinem heimathlichen

Kraal im innern Afrikas, ohne sich beim Polizeibureau ordnungsmässig abzumelden, und sein Dienstbuch visiren zu lassen. Und wenn die Claimbesitzer bei Tagesanbruch die Häupter ihrer Lieben zählten, wie oft fehlte ihnen manch „theures Haupt". — Man entschloss sich zwar den Arbeiterbestand in den einzelnen Werken aus lauter feindlichen Stämmen zusammenzustellen, um Denunzianten zu schaffen, aber auch das half wenig, denn die schwarzen Montèchi und Capuletti würden sich wegen eines Steins verschwägert haben, wenn er nur gross genug wäre. — Aber um der Moral zu ihrem Recht zu verhelfen, gaben die lustigen Europäischen Lumpen, den schwarzen Spitzbuben gewöhnlich falsche englische Banknoten, die speciell für diesen Zweck hergestellt wurden. Einen andern recht anmuthigen Scherz pflegten sich die Europäischen gentlemen mit ihren schwarzen Geschäftsfreunden stets erfolgreich zu erlauben. Der Schwarze bietet verstohlen einen Stein zum Kaufe an, der Europäische Gauner wiegt ihn prüfend in der Hand, plötzlich holt er weit aus und schreit entrüstet: „confounded scoundrel you stole that stone," und wirft mit voller Kraft scheinbar den Stein weit von sich. — Wehklagend stürzt der Schwarze dem Kleinod nach, während der Weisse den Diamanten in die Westentasche steckt und schleunigst unsichtbar wird. Aber trotz alledem wurde rüstig weiter gestohlen. Es ist notorisch, dass die 1874 hereinbrechende Diamantenpanik auf dem Londoner Markt hauptsächlich auf jene, durch eine wohlorganisirte Hehlerei gedeckte Massendiebstähle zurückzuführen war.

Wenn auch mancher Digger von Glückszufällen begünstigt war, so führte doch im grossen Ganzen die Gesellschaft ein trauriges Dasein voll von Entbehrungen und Enttäuschungen. Mancher warf verzweifelt Hacke und

Spaten bei Seite, um auf gerettetem Boot in den Hafen seiner früheren Thätigkeit zurückzukehren.

Diese traurigen Zustände währten bis 1880, da tauchte in Kimberley die Idee der Capital-Association behufs Fusion möglichst vieler Werke auf. In kürzester Frist waren die vereinzelten Claims zu grossen Blocks durch Kaufverträge verschmolzen, und mit Leichtigkeit wurden eine ansehnliche Zahl grösserer und kleinerer Gesellschaften, fast ausschliesslich aus inländischem Capital grossentheils durch die Initiative grosser Diamanthändler, gegründet, zum Theil auch **gegründet**. — Alles zu einer grossen Gesellschaft zu fusioniren, gelang damals wegen der verschiedenen Qualität des Bodens nicht, die Besitzer armer Claims wollten ihre Hoffnungen für die Zukunft nicht mit in den Kauf geben und verlangten zu hohe Preise, und auch die verschiedenen kaufenden Gruppen waren nicht unter einen Hut zu bringen, da jede ihren eigenen Finanzplan hatte, und so bleibt es denn der Jetztzeit vorbehalten, jene Generalfusion durchzuführen. — Wir werden später auf dies Thema zurückkommen. —

Der Begriff des Actienunternehmens war am Cap bekannt, mehrere Banken und Versicherungsgesellschaften arbeiteten dort in solidester Weise mit glänzendem Erfolge; die Diamantpreise waren gerade im Steigen begriffen, und durch den Ankauf nur einer Actie konnte jeder Capländer das Ideal seines Lebens gewinnen, digger partner zu werden, und zwar unter weit günstigeren und geregelteren Verhältnissen als zuvor — kein Wunder daher, dass die Actien nicht nur reissenden Absatz fanden, sondern dass die ganze Bevölkerung von einem wüthenden Speculations-Fieber ergriffen wurde, dass durch alle, selbst die besitzlosen Schichten der Bevölkerung raste, da die früher so soliden Banken, geblendet von den Erfolgen des Augenblicks, eine wirklich naive Art der Creditgewährung zur allgemeinen Regel erhoben. —

Man kaufte zur Zeit dort die Actien fast ausnahmslos gegen „6 Monat Accept." Diese Wechsel wurden von den Banken, ohne Rücksicht auf die Bonität der Unterschriften, da die Actien als Deckung bei dem Accept blieben, discontirt und anstandslos bei Verfall (ein Coursrückgang erschien den damaligen Directoren ausserhalb des Bereichs der Möglichkeit) prolongirt. Wechselten die Actien den Besitzer, nun so wurden einfach die Actien auf den Namen des neuen Besitzers transferirt, und das Accept des Vorbesitzers ohne alle überflüssigen Redensarten oder Erkundigungen gegen das des neuen Inhabers umgetauscht. Häufig unterliess man sogar der Bequemlichkeit wegen diese lästige Formalität. — Die Kellner betrieben Share-Broker Geschäfte in den Cafè-Häusern; gewöhnlich kauften sie von den gentlemen und verkauften an Koch und Köchin, Kutscher und Hausknecht.

Die Actien stiegen von Tag zu Tag, die Banken erzielten, da jeder Schluss durch ihre Hand ging, Riesengewinne, und jeder bildete sich ein, ein reicher Mann zu sein. — Ja es ging damals hoch her in der Diamantenstadt Kimberley. — Auffallend, fast unerklärlich bleibt es, dass man, abgesehen von den wenigen Cap-Exporteuren und Diamant-Importeuren auf den europäischen Handelsplätzen von dem Treiben fast nichts erfuhr, dass sogar der Londoner Börse, dem Markt für überseeische Werthe, die neuen Diamant-Actien fast gänzlich unbekannt blieben. Der Grund mag darin gelegen haben, dass sich der ganze Hexensabbath zu schnell abspielte, vielleicht auch darin, dass die Capländer keine Actien ins Ausland kommen lassen wollten. — Und das eben verschärfte den beispiellosen

Krach, der schon nach einem Jahr des wüsten Taumels über das Cap hereinbrach. Mit allen anderen Cap-Producten fiel auch der Diamant einestheils in Folge der vergrösserten Production, andererseits in Folge des Geschäftsniederganges in Amerika und im Orient erheblich im Preise. Die Diamanthändler, die legitimen Diamant-Actionaire, brauchten Geld und mussten ihre Actien verkaufen. Gerade jetzt stellte es sich immer mehr heraus, dass die Mehrzahl der Gesellschaften mit zu geringem Betriebscapital ausgestattet war, die Production gerieth hie und da ins Stocken und schliesslich trat auch in den Bankkassen eine nie geahnte Ebbe ein, die in einem Discont von 20 Prozent und mehr zum Ausdruck gelangte.

Lang genug hatten die Bankdirectoren gleich ihrem Landsmann, dem Vogel Strauss, den Kopf in den Sand gesteckt, — jetzt half kein Verstecken mehr, die Actien-Wechsel durften, konnten nicht mehr prolongirt werden.

Man ging zwar so schonungsvoll wie möglich zu Werke, aber schon der Versuch den verhängnissvollen Schritt zu thun, jagte das Land in Panik. Die Share-Preise fielen nicht von Tag zu Tag, nein, von Stunde zu Stunde, ohne Unterschied um welche Gesellschaft es sich handelte, derart, dass bald jedes Angebot aufhörte, denn alle — aber auch alle Shareholders, die auf Accept gekauft hatten, waren — insolvent! So wurde über Nacht die Südspitze Afrikas zu einer grossen Concursmasse, und die Banken vereinigten sich zu einer grossen Concursmassen-Verwaltung. —

Den guten Compagnieen, und die Zeit hat bewiesen, dass es eine Anzahl solcher gab, half der Reichthum ihres Bodens über die Krise fort, sie sammelten schnell genug aus der Production frische reichliche Betriebsmittel, sogar eine Compagnie, die De Beers Diamant Mining Company stattliche Reserven, und zahlten zum Theil ohne Unterbrechung gute Dividenden, die natürlich, wie die Verhältnisse lagen, fast im vollen Betrage in die grosse Concursmasse bei den Banken flossen. Aber auf den Preis der Actien, wenn von solchem überhaupt noch die Rede war, blieb das alles ohne Einfluss, denn bei dem unabsehbaren executivischen Angebot der Banken, das rücksichts- und gedankenlos von Tag zu Tag mehr forcirt wurde, konnten sich selbst Eingeweihte schwer zum Kauf entschliessen, da sie noch immer nicht den Tag des niedrigsten Preises für gekommen hielten. **So verkauften die Banken beispielsweise Ende 1885 noch grosse Posten Actien der De Beers Diamond Mining Company (10 Lstrl. nominal vollgezahlt) mit circa 5 Lstrl., trotzdem die Compagnie 1881 5$^{1}/_{2}$ Procent, 1882 3 Procent, 1883 5$^{2}/_{3}$ Procent, 1884 7 Procent Dividende bei grossen Reservestellungen gezahlt hatte. Heutiger Cours ca. 19$^{1}/_{2}$ Standard-Actien mit 3 Lstrl., welche ihre Dividenden-Zahlungen im Mai 1885 wieder aufgenommen hatten, und 1$^{1}/_{2}$ Procent pro Monat, also 18 Procent pro Anno vertheilten.**

Sie liessen sich auch von dem Prinzip des sinnlosen Verschleuderns theilweise ausgezeichneter Werthe dadurch nicht abhalten, dass inzwischen die Eisenbahn zwischen Captown und Kimberley dem Betrieb übergeben wurde, wodurch den Diamantwerken die Zufuhren (namentlich Kohlen und Bauholz), die bisher mit Ochsen, ich glaube in sechzehn Tagereisen herbeigeschafft werden mussten, auf den dritten Theil der früheren Preise zu stehen kamen.

Das dauerte so fort bis Anfangs vorigen Jahres; da begann sich in London, Paris, Berlin, Frankfurt a. M. und Hamburg ein leises Interesse für die fast courslosen, gering bewertheten Diamant-Actien zu regen. — Den ersten Anlass hierzu gab Herr Ludwig J. Lippert aus Hamburg, der über die einschlägigen Verhältnisse aus seiner früheren Thätigkeit, und wohl auch durch einen nahen Verwandten der am Cap lebt und im Mittelpunkt des dortigen Handels steht, informirt war. Lippert hatte mit ausserordentlichem Scharfblick die Situation erfasst, und ausgestattet mit der Fähigkeit, seine Ideen in drei Sprachen glänzend zum Ausdruck zu bringen, gelang es ihm, die höchsten Finanzkreise von London, Paris und Berlin zum Ankauf von Diamant-Actien, vorläufig zwar nur in kleineren Quantitäten, quasi à fond perdu, zu bewegen.

Er veranlasste mich damals, mit ihm gemeinsam auch meine Kunden zu Capitalsanlagen in diesen Werthen zu animiren, und es kann ihm wie mir zu grosser Genugthuung gereichen, dass alle empfohlenen Actien, welche aus einer Anzahl von etwa sechszig Compagnien auserlesen wurden, seitdem ausnahmslos nicht nur gute, sondern zum grössten Theil unerwartet hohe Dividenden gezahlt haben, und mit einer einzigen Ausnahme („Phönix") sehr erheblich gestiegen sind. —

Inzwischen haben sich die Verhältnisse auf den Diamant-

Feldern gänzlich umgestaltet; diese jahrelang, (1881—86) darniederliegende Industrie ist mit einem Schlage zu ungeahnter Blüthe gelangt, die Production ist in erstaunlichem Maasse gestiegen, einerseits, weil sich die wissenschaftliche Hypothese (siehe Seite 10) in vollem Umfang bewährt hat, — der Blue ground ist thatsächlich fast in allen Werken in der Tiefe erheblich reicher geworden — andererseits, weil bedeutende maschinelle Fortschritte die Förderung erleichtert haben, und last not least, weil die Directoren der hier in Frage kommenden Werke auch in der schwierigsten Zeit den Kopf nicht verloren, sondern in harter Arbeit unermüdlich am Ausbau der Werke gearbeitet, und in weiser Finanzwirthschaft reichliche Betriebsmittel gesammelt haben.

Und trotz der gewaltig erhöhten Production am Cap ist der Diamanten-Preis gestiegen, und scheint, nach Urtheil der Händler, weiter nach oben zu tendiren, was auf den neu erschlossenen Export nach Japan und die Hebung des allgemeinen Wohlstandes, namentlich in dem diamantliebenden Amerika, und ferner auf das Eingehen der Diamantförderung in anderen Erdtheilen zurückzuführen ist.

Dies sind die allgemeinen Gründe, welche für die überraschenden Resultate des letzten Jahres auf den Diamantfeldern anzuführen sind, wir werden später bei der Besprechung der einzelnen Compagnieen sehen, welche besondere Factoren mitgewirkt haben. Unter diesen tritt in erster Reihe die Arrondirung der Werke durch Verschmelzung mit nachbarlichen Terrains segensreich hervor — und diese Tendenz wird im gegenwärtigen Moment mit eiserner Consequenz verfolgt. Sie gipfelt in der grossen Idee alle Südafrikanischen Werke der Kimberley-Mine, der De Beers-Mine, der Bultfontein-Mine und der Dutoitspan-

Mine zu einer grossen Afrikanischen Compagnie zu verschmelzen.

Die Vortheile der Union liegen auf der Hand. Ersparnisse in der vereinfachten technischen Bearbeitung brauchen kaum erwähnt zu werden — aber die Union wird in der Lage sein, der Welt den Diamantenpreis zu dictiren, sobald das Verschleudern der Waare seitens der schwachen Compagnien, die stets Geld brauchen, und seitens der Privatdigger, aufhört, denn, wie schon erwähnt fällt die Production anderer Erdtheile als Concurrenz absolut nicht mehr in's Gewicht. — Die ersten, schwersten, aber auch bedeutsamsten Schritte nach diesem Ziel hin sind, wie wir später sehen werden, gethan. — Wie sich das Ding weiter entwickeln wird, bleibt natürlich Conjectur, da die Verträge, welche die anwerbende grosse De Beers-Company schliessen wird, noch im Schooss der Zukunft schlummern, dennoch wollen wir versuchen, nachdem wir die einzelnen Compagnien betrachtet, unter Zugrundelegung ihres Nominalcapitals, ihrer Rentabilität, ihrer Blue ground-Bestände, ihrer Verbindlichkeiten (Debentures) der Actien-Preise und schliesslich auf Basis der statistischen Gesammtproductions-Ziffern der vier Minen vom letzten July — ein ungefähres Bild der Union zu schaffen, nicht ein Bild wie sie aussehen muss, sondern wie sie wohl ungefähr erwartet werden darf.

Vorweg möchte ich mir wenige Worte über die Methode, die Position einer Gesellschaft zu prüfen, gestatten.

Ich glaube die vergleichende Tabelle über die Betriebsresultate der in Frage kommenden Compagnieen veranschaulicht dies ziemlich deutlich. — Es handelt sich nicht nur darum zu constatiren, was eine Gesellschaft verdient hat, um danach den Cours der Actie zu schätzen — das würde zu ganz falschen Schlüssen führen — sondern man muss aus dem den Abschlüssen beigefügten Tabulated Statement of Work done feststellen, auf welche Weise die Resultate erzielt sind, um hieraus ein Bild von dem Reichthum des Erdreichs, von den Abbauverhältnissen, von der Qualität der Diamanten zu gewinnen, um sich ein Urtheil über die Bemessung des Actiencapitals bilden und einen Schluss auf künftige Resultate ziehen zu können, denn dieser Schluss kommt bei der Werthbemessung natürlich in erster Linie in Betracht.

Meine Tabelle giebt der Reihe nach folgende Daten:

Rubrik 1. Gesammtes Actiencapital.

Rubrik 2. Ausgegebenes Actiencapital.

> Einige Gesellschaften haben nämlich nicht ihr gesammtes Actiencapital emittirt, sondern einen Theil für etwaige Ausgaben, namentlich zum Ankauf von Terrains behufs Arrondirung der Werke, reservirt.

Rubrik 3. Schulden.

> Aus dem laufenden Geschäft resultirende Verbindlichkeiten liess ich hier ausser Betracht.

Rubrik 4. Zahl der Claims.

> Das Terrain ist überall nach einer Einheit von 961 englischen □-Fuss, sogenannten Claims, gemessen und eingetheilt.

Rubrik 5. Preis pro Claim.

> Unter Zugrundelegung des Actiencapitals und etwaiger Schulden. Diese Preisbemessung stimmt natürlich mit den Abschlüssen (Claims Conto) insofern nicht überein, als das Actiencapital ja auch zur Beschaffung von Maschinen und Herstellung von Gebäuden, Schächten etc. verausgabt wurde, sie soll aber den Gesammtüberblick vereinfachen.

Rubrik 6. Bestände an Casse und Diamanten.

Rubrik 7. Bestänqe an gefördertem diamanthaltigem Erdreich (blue ground on floors).

Diese Bestände bilden die wichtigste Reserve, denn falls eine Betriebsstörung eintritt, wird der vorräthige blue ground ausgewaschen, um in den regelmässigen Einnahmen keine Unterbrechung eintreten zu lassen.

Rubrik 8. Geförderte Ladungen (Loads à 16 Kubikfuss).
Rubrik 9. Ausgewaschene Ladungen.
Rubrik 10. Erzielte Diamanten in (Karats).
Rubrik 11. Realisirt mit Lstrl.
Rubrik 12. d. h. per geförderte Ladung Lstrl.
Rubrik 12a. per gewaschene Ladung Lstrl.
Rubrik 13. d. h. per Karat Lstrl.

Rubrik 10—13 haben die in Rubrik 8 genannten Brutto-Ladungen so zu sagen analysirt. — Wir wissen nunmehr, wie viel bei den verschiedenen Compagnieen die geförderte Ladung und was die blue ground Ladung im Durchschnitt werth ist (eines der wichtigsten Momente) und werden sub Rubrik 17 sehen, wie sich die Unkosten hierfür stellen.

Rubrik 14. d. h. pro Claim Lstrl.
Rubrik 15. Gesammte Unkosten.
Rubrik 16. Procent von der Einnahme.
Rubrik 17. Unkosten per geförderte Ladung.
Rubrik 17a. per gewaschene Ladung.
Rubrik 18. Erzielter Gewinn.
Rubrik 19. Vertheilter Gewinn.
Rubrik 20. Abschreibungen.
Rubrik 21. Neuanschaffungen.
Rubrik 22. Ergänzende Bemerkungen.

Alle diese Rubriken konnte ich natürlich nur soweit ausfüllen, als mir Daten nach den letzten Publicationen zugängig waren. Wenn die Ziffern auch hinter der heutigen eminent erhöhten Production weit zurückgeblieben, so liefern sie doch ein Bild der Productions-Verhältnisse im Allgemeinen. Einzelne Compagnieen geben auch an, wieviel Steine resp. wieviel Karat in der Mine (also nicht durch kostspieliges Auswaschen des blue ground) gefunden wurden, auch wieviel Steine über 10 Karat wogen, wieviel prima, wieviel secunda Qualität waren. Auf diese, die Minen allerdings characterisirenden Details, konnte ich mich in einer so gedrängten Uebersicht nicht einlassen, da die Tabelle nur eine ganz allgemeine vergleichende Uebersicht geben soll. Die Abschlüsse der verschiedenen Compagnieen, sogar ihre Förderungsstatistiken sind nach verschiedenen Principien angefertigt, so dass es nur mit grosser Mühe möglich war, Position gegen Position zu vergleichen. Da nun meine Tabelle in mancher Beziehung von dem System der Gesellschaften, eine Uebersicht zu geben (z. B. berechnen die Gesellschaften gewöhnlich den Werth der Load aus 16 Kub.-Metern blue grounds nicht aus 16 Kub.-Metern der gesammten Förderung) abweicht, so füge ich (Seite 104) eine zweite Tabelle bei, welche die Förderungs-Statistik in der am Cap üblichen Manier giebt.*) —

Um zu optimistischen Auffassungen zu begegnen, mache ich darauf aufmerksam, dass die grossen Gewinn-Vorträge bei allen Compagnieen dadurch entstehen, dass der Blue ground on floor im Credit des Gewinn- und Verlust-Contos aufgenommen und natürlich unrealisirt vorgetragen, nicht, wie etwa vorausgesetzt werden kann, in den Buchungen als Reserve-Fond behandelt wird.

Bevor ich in die Besprechung der einzelnen Unternehmungen eintrete, muss ich einige Punkte allgemeiner

---

*) Anmerkung: Die Productionstabelle wurde bei Veröffentlichung der Broschure „Ein Wort über den Stand der namhaftesten Diamantcompagnieen Südafrikas" im Juni dieses Jahres angefertigt. Die neuesten Daten sind noch nicht veröffentlicht worden.

Art berühren, die für die Vergleichung der Werthe in Betracht kommen. Die Conjuncturen in Diamanten hängen natürlich in erster Reihe von dem Umfang der Production ab, umsomehr als Vorräthe roher Diamanten notorisch in der ganzen Welt nicht existiren. — Die steigende Production hat also sinkenden Preis zur Folge. — Im Allgemeinen werden nach dem Gesagten die Compagnieen, wie übrigens die Erfahrung bestätigt, von Preisrückgängen des Products nicht unglücklich, sondern vielmehr günstig beeinflusst, denn der Preis fällt nicht ganz in dem Verhältniss wie die Production zunimmt, da bei billigen Preisen immer neue Gesellschaftsschichten als Käufer auftreten.

Ich sagte „im Allgemeinen", denn schlecht situirte Compagnieen, die mit grösseren Kosten als ihre Concurrentinnen aus ihren Claims einen ärmeren d. h. weniger diamanthaltigen blue ground fördern, können die rückgängige Conjunctur nur bis zu dem Punkt aushalten, den ihre Productionskosten bestimmen.

Am Cap existiren, wie wir gesehen haben, vier Diamant-Minen, oder besser vier Diamant-Felder, denn es sind ja eigentlich nur dem Namen nach Minen: Kimberley-Mine, De Beers-Mine, Bultfontein-Mine und Dutoitspan-Mine. — Das Gebiet dieser Minen ist in Claims (961 engl. ☐-Fuss) eingetheilt und jede der Compagnieen besitzt nun einen Complex grösserer oder kleinerer Zahl solcher Claims in einer der vier Minen. Wir unterscheiden demnach Kimberley-Gesellschaften, Bultfontein-Gesellschaften etc., und zwar liegen diese Unterschiede nicht nur im Namen, sondern auch ganz ausgesprochen in der Characteristik der vier Minen. — Abgesehen von den Abweichungen innerhalb des Gebietes der einzelnen Mine darf man behaupten, dass Kimberley den reichsten blue ground besitzt. Die Central- und die Standard-Compagnie erzielt hier aus einer gewaschenen Ladung bis 1,6 Lstrl. in Diamanten, trotzdem ihre Steine im Duchschnitt nur mit 1,1 Lstrl. circa pro Karat bezahlt werden. Der Abbau geschieht hier durch Tag- und Tiefbau, Tunnels dienen zum Transport des Materials.

Die De Beers-Mine ist nunmehr gesammtes Eigenthum der De Beers Mining Cie.; ich brauche daher an dieser Stelle nicht näher auf den Charakter dieser Mine einzugehen und verweise auf die folgende specielle Besprechung dieser Compagnie Seite 33. Hier bringt die Load of Blue ground 1 Lstrl. ca., das Karat gilt hier etwas weniger wie dort; aber die Ausdehnng und Centralisirung des Ganzen bieten unschätzbare Vortheile. Man arbeitet hier wie bei der Central und Standard Cie. nach gemischtem (Schacht- und Tagbau-) System, geht aber nach den Erfahrungen des letzten glänzenden Jahres überwiegenden Theils zum Tiefbau über

In Bultfontein bringt die Ladung nur 6 Sh.

In Dutoitpan sogar nur 4—5 Sh.

Es sind dies ganz gewaltige Unterschiede. In Dutoitspan aber finden sich besonders grosse Steine, deren Einfluss auf den Durchschnittspreis per Karat bedeutend ist. Dort werden die höchsten Preise erzielt (1,6 Lstrl. bis 1,8 Lstrl. p. Kar.).

In ganz Dutoitspan und Bultfontein giebt es vorläufig nur Tagbau, trotzdem mehrere Werke bereits in einer Tiefe von 500 Fuss arbeiten. Ueber Kurz oder Lang muss natürlich der Tiefpunkt erreicht werden, an dem man sich bequemen muss, zum Schacht-, also dem eigentlichen Bergbausystem überzugehen. Ja, das kostet sehr viel Geld und erhöht die Fördernngskosten recht wesentlich. — Die Tabelle zeigt in Rubrik 12 die grosse Differenz in den Förderungkosten der Minen, die Tiefbau (Standard, Central,

Beers) und denen, die Tagbau (French Desterre, Griqualand, Phönix) betreiben (ungefähr 8 Sh. zu 5 Sh. per Load). Es bleibt abzuwarten, ob in Bulfontein und Dutoitspan überhaupt Schachtbau möglich sein wird. — Unserer Ansicht nach erst bei kaum denkbar hohen Diamantpreisen (etwa 40 Shilling pro Karat), also wohl niemals. Es müsste denn sein, dass der Blue in Dutoitspan in tiefern Schichten sehr erheblich reicher würde.

Die Actien der Dutoitpan-Minen stehen aus diesen Gründen sehr niedrig (z. B. Griqualand bei seinen hohen Dividenden ca. $8^{1}/_{2}$ Lstr., Anglo African Cie. 4 Lstr., Orion $3^{3}/_{4}$ Lstr.). Es ist auch nicht ausgeschlossen, vielmehr anzunehmen, dass ihr Cours bei der energischen Ausbeute berechtigter Weise steigen wird, aber die Actionäre der Minen von Bultfontein und Dutoitspan dürfen sich keinen Illusionen hingeben; es ist absolut ausgeschlossen, dass solche Werke einen Aufschwung, wie etwa Central, Standard, De Beers nehmen können.

Wenn auch die bergmännische Praxis die Theorie der Geologen bestätigt hat, dass das Vorkommen der Diamanten in der Tiefe zahlreicher, so meine ich, kann dem geduldigsten Actionär beim Warten auf diesen Tiefpunkt die Zeit doch etwas lang werden, denn so einem gelehrten Geologen erscheint möglicherweise eine Tiefe von 5000 Fuss, die noch nie von menschlichen Wesen erreicht wurde, als eine minimale Abweichung von der Erdoberfläche. So erhebliche Veränderungen des blue ground in Bezug auf seinen Diamantgehalt sind an ein und derselben Stelle, trotzdem man Tiefen bis 600 Fuss erreicht hat, seit Entdeckung der Minen nicht wahrgenommen worden. — Mithin ist mit grosser Wahrscheinlichkeit anzunehmen, dass man in Dutoitspan und Bultfontein niemals blue ground von solchem Reichthum, wie in der Kimberley- oder De Beers-Mine finden wird. — Dagegen haben Bohrungen allerorten festgestellt, dass, so tief Menschenhände gelangen können, unermesslich viel blue ground vorhanden.

Ich gehe nunmehr an der Hand der mir vorliegenden Abschlüsse und der Statistik zur Besprechung einzelner Werke über, für die in Berlin vornehmlich Interesse vorhanden.

A. Kimberley-Mine.

Central-Company Ltd., gegründet 1880. Capital 780 000 Lstr. Actie 10 Lstr. vollgezahlt.

Die jüngste Entwicklung des Unternehmens ist fabelhaft (die Tabelle zeigt den Auszug aus den letzten drei Halbjahrs-Abschlüssen, überdies gebe ich untenstehend die Förderungsberichte per Januar—Mai 1882), doch nicht überraschend für die Kenner der Mine, da dieselbe in früheren Jahren noch weit höhere Gewinne erzielt hat; sie zahlte an Dividenden November 1880 10 pCt., Februar 1881 23 pCt., Mai 1881 5 pCt., März 1882 5 pCt., Mai 1882 $8^1/_2$ pCt., December 1882 $12^1/_2$ pCt., Juni 1883 5 pCt. Ihr Cours stieg bis 40 Lstr. ca., bis ein grosses Grubenunglück der ersten Blüthezeit ein jähes Ende bereitete. — Die Direction erlahmte aber nicht, sie reconstruirte das ganze Werk, baute solide Schächte und Tunnels und hatte den Muth, zumal man ihr auf ihr reiches Terrain gern creditirte, zur Zeit des tiefsten Niedergangs umliegende Terrains sehr billig zu erwerben, sich gut zu arrondiren und dadurch die Zahl ihrer Claims zu vergrössern. Dies ist zum Theil der Grund, weshalb die Claims dieser Mine so viel billiger, als die des benachbarten Standard sind. — Die Gesellschaft ist jetzt nicht nur schuldenfrei, sondern besitzt sogar einen starken Reserve-Fond. — Mein Gewährsmann meint, dass man in Kimberley der Ueberzeugung sei, diese Actie würde in nicht ferner Zeit ihren früheren Höhepunkt wieder erreichen.

In diesem Jahre wurden folgende erstaunliche Resultate errzielt:

Januar Diamanten gefunden Karat 35 427 ⎫
Febr. ,, ,, ,, 35 545 ⎪ Preis höher
März ,, ,, ,, 38 184 ⎬ als
April ,, ,, ,, 39 449 ⎪ im Vorjahre
Mai ,, ,, ,, ? ⎭ Lstr. 44 000

Folgende vergleichende Ziffern der letzten Gewinn- und Verlust-Conten sollen zeigen, wie die Central-Company nach Jahren des mühevollsten Wiederaufbaues plötzlich zu Grösse und Mächtigkeit emporgeblüht. —

	Diamanterlös	Gesammtunkosten
Halbjahr endend 30. April 1886.	£ 92 861. 0. 9	£ 136 232. 4. 7
,, ,, 31. Octob. 1886.	£ 162 206. 0. 3	£ 101 761. 9. 1
,, ,. 30. April 1887.	£ 250 565. 14. 2	£ 138 396. 13. 2
Blue Ground Bestand 30. April 1886	£ 38 700. 15	
do. 31. Octob. 1886	£ 60 660. 6	
do. 30. April 1887	£ 51 770. 8	
Unterbilanz 30. April 1886	£ 23 968. 9. 2	Cassa £ 2 250.
Creditbilanz 31. Octob. 1886	£ 64 473. 10.	,, £ 10 269. 3. 4
do. 30. April 1887	£ 92 010. 19. 10	,, £ 23 375. 8. 7
Revervefond 30. ,, 1887		£ 20 000

Diese Zahlen sprechen deutlich. Fabelhaftes Anwachsen der Production bei kaum erhöhten Unkosten. — Aus einem Satz der Rede des Chairmann in der Generalversammlung vom October 1886, den ich nachstehend wörtlich wiedergebe, sieht man klar unter welchen Prinzipien der Wiederaufbau der Central - Mine in der dividendenlosen Zeit geschehen.

„One circumstance I may point out to the Central Shareholders as causing a very material difficulty in carrying through any amalgamation proposal; that is, that the capital of other companies is comparatively large as compared with the Central. Our machinery, as you known, was bought out of the profits of the company, and does not figure as part of the capital, as is the case with other companies".

Mit anderen Worten, nachdem das grosse Grubenunglück die Central Mine betroffen, reconstruirte sie sich mittelst Aufnahme einer erheblichen schwebenden Schuld. Auf gleiche Weise beschaffte sie ausgezeichnete Maschinen, — alles das ohne neue Actien oder Debenturen auszugeben. Nicht ein Shilling wurde an die Actionaire vertheilt, bis die Schuld im October vorigen Jahres gänzlich getilgt war.

— Seitdem besitzen die Actionaire das bodenreichste Werk am Cap, frei von jeder Verbindlichkeit, dessen Erträgniss auf ein wahrlich geringes Actiencapital zu vertheilen ist.

Im Juli dieses Jahres ging die **Standard - Company Ltd.** Actie 10 Lstrl. vollgezahlt, gegründet 1880, Capital Lstrl. 343,600 durch Ankauf in den Besitz der Central-Company über. — Die Standard-Actionäre erhielten für je eine Standard - Actie eine Central - Actie, der Central - Actionär wird indess derart bevorzugt, dass er auf seinen Actien-Besitz 12 pCt. in neuen Central-Actien franco valuta (Bouns-Actien) erhält. Somit ist das Capital der vereinigten Central - Standard - Company auf Lstrl. 1,217,200 angewachsen. Das vereinigte Werk fördert nunmehr bei erheblich geringeren Unkosten monatlich Diamanten im Werth von 90- bis 100,000 Lstrl.

Auch die Standard-Company Ltd., hat zu Anfang ihres Bestehens sehr hohe Dividenden gezahlt, die jedoch bald nach dem allgemeinen Krach wieder eingestellt werden mussten. — Der Grund für diese Calamität war ein ganz anderer, als bei der Central-Cie. Es ging dem

Standard wie allen anderen mit zu geringem Betriebscapital gegründeten Gesellschaften. — Der erste Abbau war kostspieliger als veranschlagt, er verzehrte fast alle Baarmittel, und nun musste man ganz schwach, wie es die erschöpften Mittel eben gestatteten, mit der Förderung vorgehen. Zu allem Malheur kam 1882/83 noch die grosse Diamanten-Baisse, das Karat fiel von Lstrl. 1.7 auf Lstrl. 1. — Dank dem phänomenalen Bodenreichthum, hatte sich die Gesellschaft schon Mai 1885 so weit erholt, um das ganze Jahr hindurch monatlich 1½ pCt. Dividende zahlen zu können! Pro 1886 zahlte sie in Monatsraten 37 pCt., 1887 2 pCt. pro Monat bis sie in die Central-Cie. aufging.

Ein Blick auf die Tabelle genügt, um sich zu überzeugen, dass wir es hier mit einer enorm rentablen Compagnie zu thun haben, die fraglos den werthvollsten Boden am Cap besitzt.

Aber es ist unverkennbar, dass hier das System herrschte, dem Augenblick zu leben, schon die Auszahlung der Monatsdividenden ist dafür characteristisch, man schüttete pünktlich am ersten jeden Monats den ganzen Reichthum des Füllhorns dem Actionär in den Schooss.

Die Cassa- und Diamantenbestände waren daher naturgemäss gering, aber der Vorrath an Blue ground on the floor müsste bei der grossen Ausbeute, auf verhältnissmässig kleinem Terrain, grösser sein; auch erscheint in der Bilanz kein Reserve-Fond für die Verbindlichkeiten an die Kimberley Mining Board, wie in der der Central-Cie, denen die Compagnie allerdings bei solchen Erträgnissen mit Leichtigkeit nachkommen konnte. Diese Verbindlichkeit beträgt Lstrl. 40,000, ca., dieselbe muss durch Monatsraten innerhalb 3½ Jahr getilgt werden. Ein Gewinnvortrag von Lstrl. 72,000 incl. Blue ground war allerdings vorhanden.

Die Compagnie erzielte:
1884 60,380 Karat = Lstrl. 72,603,
1885 135,688   „   =   „   130,466,
1886 235,466   „   =   „   246,090.

Die dritte im Bunde der mächtigen Kimberley-Mine-Werke ist die **French-Company oder wie sie officiell heisst Compagnie Française des mines de Diamants du Cap** — gegründet 1880 mit einem Capital von 14 Millionen Francs. Hauptsitz in Paris. — Die Compapnie arbeitete mit wechselndem Glück jedoch mit steter Solidität. Sie zahlte an Dividenden:
1880 $9^{1}/_{2}$ %, 1881 16 %, 1882 8 %, 1883 0, 1884 8 %, 1885 0, 1886 12 %
und nahm stets grosse Abschreibungen vor: 1880 frs. 13,250, 1881 frs. 516,159, 1882 frs. 30,948, 1883 frs. 550,000, 1884 frs. 350,000, 1885 frs. 375,000, 1886 frs. 700,000 und sammelte an Reserven: frs. 1,170,225. — Heut steht sie wie ihre Nachbarin die Central-Mine auf der Höhe und wird wahrscheinlich am 6. October in den Besitz der De Beers Mining-Company übergehen. Der Kaufpreis, der in De Beers-Actien ausgezahlt wird, gewährt dem Actionär beim heutigen Cours der De Beers-Actie, circa Lstrl. 49 für jede French-Actie von Lstrl. 20 nominal.

An den übrigen kleinen Kimberley-Gesellschaften; Kimberley North Block (dicht am Reef), North West und Octahedron existirt in Europa wenig Interesse.

Wir gehen somit über zur:

B. De Beers-Mine.

De Beers Mining Company, Capital Lstrl. 1 265 620, Actie Lstrl. 10 vollgezahlt gegründet

1880. Dividenden 1880/81 5½ pCt., 1881/82 3 pCt., 1882/83 5⅔ pCt., 1883/84 7 pCt., 1884/85 7½ pCt., 1885/86 12 pCt., 1886/87 16 pCt., ausser diesen Dividenden wurden 22 pCt. Bonus Shares vertheilt. Das Capital betrug 1881—1887 Lstrl. 200 000, 665 550, 665,550, 755 120, 841 550, 1 045 125, 1 265 620.

Dieses Unternehmen, auf das ich stets die Aufmerksamkeit meiner Kunden besonders zu lenken suchte, hat sich aus kleinen Anfängen zu der unangezweifelt mächtigsten Compagnie am Cap entwickelt, sie hat dauernd das Prinzip durchgeführt. durch Erwerbung nachbarlicher Terrains, ihre Working cost zu vermindern (13 Sh.—8 Sh. per Load). Diese Erwerbungen geschahen zum grössten Theil aus für Dividenden verfügbaren Mitteln, und statt dieser Mehrdividenden erhielten die Actionaire die oben erwähnten Bonus Shares (franco valuta). Nachdem im Verlauf des letzten Geschäftsjahres die Gem- und die Oriental-Mine erworben, steht jetzt die Aufnahme der grossen Victoria de Beers-Mine bevor. — Das Capital wird, nachdem dann die Actionäre 20 pCt. Bonus Shares erhalten haben werden. auf 2 009 620 Lstrl. anwachsen.*) — Diese Erwerbung bildet den Schlussstein des Riesenaufbaues dieses Werks, denn nun ist die Gesellschaft die alleinige Besitzerin des ganzen De Beers - Feldes. Wenige Claims an der nordöstlichen Reef die der Schwabs Gully-Mine, erscheinen kaum begehrenswerth. Das Werk ist als grosses Ganzes in sich abgeschlossen.

Herr Lippert nannte die De Beers-Actie treffend die Consols des Cap; wenn man die Abschlüsse der sieben Jahre des Bestehens durchblättert. so zieht sich das stete

---

* Anmerkung: Ist inzwischen geschehen.

Streben nach der jetzt vollendeten Consolidirung wie ein rother Faden durch das Buch. — Ueberall Abschreibungen und Rücklagen, und dauernd Erwerbungen und Neuanschaffungen, bei Vertheilung, dem Erträgniss gegenüber, bescheidener Dividenden. Ich gebe nachstehend eine Statistik über die Entwickelung der Gesellschaft, und glaube beim heutigen Course noch dringend den Ankauf dieser Actie empfehlen zu dürfen, denn nunmehr ist der Zeitpunkt eingetreten, an dem der Actionär die Früchte der jahrelangen, weisen Gewinn-Zurückhaltung ernten wird. Wenn man bedenkt, dass dieser reiche Boden (1 Lstrl. pro Load liefernd) mit nur

TABLE OF
of
DE BEER'S MINING COMPANY,

Year ending 31 st. March.	Number of loads of „Blue" Hauled.	Number of loads of „dead" ground Hauled.	Number of loads of „Blue" washed.	Number of Carads of Diamonds founds.	Amount realized by sale of Diamonds.	Number of Carats per lead of „Blue".
1881	73 642	50 000	73 642	51 682	62 367 17 4	·700
1882	99 439	96 731	96 439	76 859	104 552 8 8	·797
1883	179 785	143 369	166 136	149 396	158 675 4 3	·895
1884	220 046	204 977	173 666	177 246	198 268 12 9	1·02
1885	398 613³/₄	427 215	323 324³/₄	278 018	287 469 15 7	·859
1886	391 749¹/₄	569 551	299 407	395 001	323 499 7 2	1·319
1887	589 317	404 387¹/₄	487 295³/₄	560 253³/₄	517 103 18 4	1·15
Total	1 952 592	1 896 230¹/₄	1 619 910¹/₂	1 688 455³/₄	1 651 937 4 1	1·042

*In addition to above dividends, 22 per

3000 Lstrl. ca. pro Claim, dass diese Riesen-Maschinenwerke, deren Unterhaltung allein jährlich Lstrl. 28 000 kostet, mit nur Lstrl. 52 000 zu Buch stehen, wenn man ferner in Betracht zieht, welchen gewaltigen Vorsprung die Compagnie durch die ökonomische Centralisation der Verwaltung geniesst, und wie viel werthvolles Terrain durch das Fallen der vielen lästigen und gefahrdrohenden Grenzen gewonnen worden, wenn man vor Allem an die Zukunft denkt, die der Compagnie aus der in Angriff genommenen allgemeinen Fusion erblühen wird, so wird man den heutigen Cours von Lstrl. 20 entschieden für steigerungsfähig halten.

STATISTICS
the
SINCE ITS FORMATION IN 1880.

Amount realized per Carat sold.	Amount realized per load	Balance of Blue on Floors at end of year.	Dividende paid during the year.	Cost of production per load.	Capital of Company during the year.
24/1	16/11	Nil.	11 600=5^{1}/$_{2}$ p. c.	,,	£ 200 000
27/3	21/8	3 000	19 966=3 ,,	13/2	,, 665 550
21/3	19/1^{1}/$_{2}$	16 6;9	37 714=5^{2} $_{3}$,,	11/9^{1}/$_{2}$	,, 665 550
22/5	22/10	63 029	52 148=7 ,,	10/	,, 775 120
20/8	17/9	138 318	62 666=7^{1}/$_{2}$,,	8/1	,, 841 550
16/4^{1}/$_{2}$	21/7	230 660^{1}/$_{4}$	121 814=12 ,,	8/3^{1}/$_{2}$	,, 1 045 120
18/5^{1}/$_{2}$	21/2^{2}/$_{3}$	288 133^{1}/$_{2}$	199 349 4/=16,,	8/2 15	,, 1 625 520
19/6^{3}/$_{4}$	20/	288 133^{1}/$_{2}$	*505 257=46^{2}/$_{3}$p. c.	8 2·15	£ 1 265 620

cent has been distributed in Bonus Shares.

Für das Quartal 1. April — 1. Juli 1887 wurde 10 Shilling = 5 pCt. vertheilt, für das Quartal 1. Juli bis 1. October das Gleiche. — Ferner erhalten die Actionäre jetzt aus den Rücklagen, die für den Ankauf der Victoria-Mine, der Gem Mine, der Oriental Mine verwandt wurden und auf Grund des vergrösserten Areals: 20 pCt. Bonus-Actien. Es würde zu weit führen, auf die sehr complicirten Details dieser Erwerbungen einzugehen. Wir verweisen auf den VII. Jahres-Bericht vom Mai 1887.

C. Bulfontein Mine.

French Desterre Mining Company Ltd., gegründet 1881. Capital Lstrl. 213750, Actie Lstrl. 5, vollgezahlt. Zahlte Dividenden 1882 3 pCt., 1883 11 pCt., 1884 12 pCt., 1885 nur 6 pCt., 1886 14^1/$_2$ pCt., 1887 pro I. und II. Quartal je 4 pCt.

Vom splendiden Reichthum der Kimberley- und De Beers-Mines gehe ich zu dieser Compagnie des soliden Mittelstandes über. — French Desterre hat unter allen Verhältnissen gute Dividenden gezahlt, hat stets auf seinem kleinen in Bezug auf Bodenreichthum nicht hervorragend günstigem Terrain, unter guten Abbauverhältnissen sehr rationell gewirthschaftet. — Die Daten der Tabelle zeigen, dass die Compagnie in jeder Beziehung auf der goldenen Mittelstrasse marschirt.

Der Grund für die ununterbrochene Prosperität des Unternehmens liegt zum grossen Theil in der Billigkeit der Claims, Lstrl. 2 200 (Rubrik 5), was für Bultfontein-Boden, der 0,36 Karat pro load blue gegen Dutoitspan 0,25 Karat bringt, sehr ins Gewicht fällt, andererseits in der sehr vor-

·sichtigen. und rührigen Leitung, zu welcher man am Cap
unbedingtes Vertrauen hegt. Durch Ankauf der Nachbargesellschaften Le Diamant
und Central Mining Company of Bultfontein nebst allen
Blue Grand - Beständen, wurde das Actien - Capital von
Lstrl. 155 000 auf Lstrl. 213 750 erhöht.
Adamant. Gegründet 1880, jetziges Capital Lstrl.
170 200 in Actien à 10 Lstrl. Das ursprüngliche Capital
von Lstrl. 80 000 ist durch Amalgamirung mit der Bultfontein Homestead Mining Company auf Lstrl. 170 200 angewachsen. Die Gesellschaft hat ferner jüngst 22 Claims
der French Desterre Company gegen 2400 Actien dieser
Gesellschaft erworben. — Die folgende Bilanz zerfällt in
zwei Theile a) bis 3. November 1886 bei einem Capital
von Lstrl. 80 000, b) vom 3. November 1886 bis 28. Februar 1887 bei dem auf Lstrl. 170 200 erhöhten Capital.
Die Gesellschaft, die Jahre lang nichts von sich hören
liess, befindet sich in guter Entwickelung. Sie zahlte am
25. Juni 1886 2½ pCt., am 30. September 1886 2½ pCt.
und am 1. Juni 1887 (bei erhöhtem Capital) ca. 5¼ pCt.
Ein Statement of work done ist nicht veröffentlicht worden.
Bulfontein Mining Company Ltd. gegründet
1881. Capital 140 000 Lstr. 30 000 Lstr. 6 proc.
Debentures.
Die Ordinary Shares lauteten ursprünglich auf 20 Lstr.
nominal, wurden jedoch vor Kurzem in 4 Actien à 5 Lstr.
getheilt Ausserdem existiren 500 M. Actien à 10 Lstr.
und 3000 B. Actien à 5 Lstr.. — Die Gewinnvertheilung
ist so complicirt (siehe Art. 136 des Status), dass ich mich
auf Wiedergabe des Artikels nicht einlassen kann. Die
Resultate der Gesellschaft sind ganz ausgezeichnet (vorjährige Dividende 25 pCt.), ob sie indess im Vergleich mit
denen anderer Compagnien den heutigen Cours von

13½ = 270 pCt. rechtfertigen, erscheint mir fraglich. Erst nachdem die Theilung der Actien stattgefunden, ist ein Posten Actien in die Hände des Publikums übergegangen. — Die Hauptbesitzer sind noch immer die Gründer der Gesellschaft.

D. Dutoitspan-Mine.

Die **Griqualand West Cie.**, gegründet 1881. Capital 285,740 Lstrl., Actie 10 Lstrl. vollgezahlt, hatte im ersten Quartal 1886 den Rest ihrer Schulden abgestossen, und zahlte dann quartaliter 1 pCt., 2 pCt., 4 pCt., im April 1887 nur 2 pCt., da für Neuanschaffung von Maschinen ein erheblicher Betrag absorbirt wurde.

Dieses Werk ist das rentabelste von Dutoitpan und bringt beim jetzigen Cours, ca. 8½ Lstrl. eine hohe Rente des veranlagten Capitals. Hier aber ist der Grund für die Prosperität nicht in dem Reichthum des blue ground, sondern erstens in dem Umstand zu suchen, dass die Claims von Griqualand West sehr billig sind, zweitens darin, dass die Verwaltung mit grosser Energie die Ausbeute auf eine eminente Höhe getrieben hat, und drittens, dass es durch Anschaffung bester Maschinen gelungen ist, die wirkliche Workings cost auf 3 Sh. 6 d per Load herabzumindern. — Ueberdies wurden ca. 15,000 Karat grosse Steine in der Mine gefunden (nicht ausgewaschen). Da die Griqualand-Steine sich durch grosse Schönheit auszeichnen, so stellt sich hier der Preis pro Karat höher, als irgendwo, 1,42 Lstrl. — All' diesen Vorzügen gegenüber ist das Factum nicht fortzuleugnen, dass eine Load in Griqualand West nur 5 Sh. ca. trotz der guten Qualität der Steine bringt.

Am Cap versteht man mit diesen Verhältnissen sehr

gut zu rechnen, und in diesen Verhältnissen liegt der Grund, weshalb dies Papier, das so glänzende Erträgnisse liefert, noch so niedrig steht.

Ich glaube, man kann aus dem Gesagten den Schluss ziehen, dass Griqualand bei guten Diamantpreisen schöne Resultate liefern wird, dass das Werk aber die rückgängige Conjunctur nur bis zu einem gewissen Punkt aushalten kann.

Am 1. October wurde die zweite diesjährige Theildividende mit 2 pCt. declarirt. Der Grund, weshalb dies Jahres-Erträgniss scheinbar hinter dem des Vorjahres zurückbleibt, ist folgender. — Die Förderung hat bei steigenden Preisen der Waare nicht ab- sondern zugenommen, aber unter weiser Zurückhaltung von Gewinnen hat die Direction nicht nur wie oben gesagt, grosse Beträge für Neuanschaffungen verausgabt, sondern sie steht im Begriff, die Mylchreest Cie., einen Theil der European Cie., die Westend Cie., die Gates Cie., die Herkules Cie. und den sogenannten Rulina Block zu erwerben. —

Einige Kaufverträge (Gates, Mylchreest, Westend und European) sollen bereits perfect, andere in der Schwebe sein. — Auf welche Weise die Finanzoperation durchgeführt werden wird, steht noch nicht fest, jedenfalls aber hält die Direction Baarmittel für diesen Zweck zurück. — Ueberdies verfügt sie über 5000 noch nicht emittirte Actien. — Kommt diese Amalgamirung der Westseite von Dutoitspan zu Stande, so gewinnt Griqualand West eine in jeder Beziehung dominirende Position in Dutoitspan, welche den Actionären bei Zustandekommen der allgemeinen Fusion, auf die wir bald zurückkommen, grosse Vortheile gewähren dürfte

Anglo-African Mining Cie., gegründet 1880, Capital 650,000 Lstrl, Actie 10 Lstrl. vollgezahlt, 110

Gründer-Actien à 1 Lstrl., welchen der vierte Theil
des Gewinnes über 15 pCt. zufällt.

Die Compagnie krankte 1884 noch an einer Schuldenlast von 23,921 Lstrl., welche 1886 auf 15,875 heruntergearbeitet war, ferner an dem zu hohen Preis der Claims (ca. 6000 Lstrl.). Die Förderung war im Verhältniss zu dem grossen Terrain viel geringer als bei unsern anderen Dutoitspan Mines, augenscheinlich fehlten der Gesellschaft zur Erweiterung derselben die Baarmittel. Einigermassen hat sie sich durch die jüngst stattgehabte Fusion mit dem Phönix aufgeholfen, welcher ihr all seine Baarmittel und seinen, den Baarmitteln gleich zu erachtenden Blue ground-Bestand mit überlassen musste. — Die Fusion ging in denkbar einfachster Weise vor sich: jeder Phönix-Actionär tauschte seine Phönix-Actie in eine frisch gedruckte Anglo African-Actie um. — Das Capital der Anglo beträgt somit 950,070 Lstrl. — Die Bedingungen für den Phönix waren niederschmetternd hart, er lieferte nicht nur sich selbst, seine mühsam erworbenen Spargroschen, sondern auch den Erlös seiner Production Januar bis October 1887 aus. — Aber dennoch mussten die Phönix-Directoren offen und ehrlich zu dem Anschluss an Anglo African rathen, denn der Phönix arbeitete bereits in einer Tiefe von 600 Fuss mit nicht unerheblicher Gefahr, und wie traurig es mit dem Phönix-Terrain bestellt ist, beweist der Umstand, dass die Compagnie bereits im vorigen Jahr Blue ground auswusch, den sie gegen Entgelt auf dem Gebiet der benachbarten Central Mine of Dorstfontein gefördert hatte.

Der Phönix, Capital 300,070 Lstrl., Actie 10 Lstrl. vollgezahlt, gegründet 1881

zahlte im Juni 1886 seine erste Dividende von 2 Sh. 6 d pro 1885 und dann October nochmals 2 Sh. 6 d pro 1886, er machte dadurch den schüchternen aber vergeblichen Versuch in die Reihe der dividendenzahlenden Gesellschaften einzutreten. — Anglo African selbst hat nie Dividenden gezahlt, immerhin erscheint das Papier heut, nachdem die Unterbilanz durch die neuen Baarmittel und durch den dadurch ermöglichten rationellen Betrieb, im Verschwinden — nicht ganz aussichtslos zu sein, zumal wenn die allgemeine Fusion bessere Diamantpreise zeitigt.

Der Phönix ist das einzige Unternehmen über das sich Herr Lippert, wenn er es auch nicht zugeben wird, recht gründlich getäuscht hat, oder, wie mir scheint, getäuscht worden ist.

Es muss im Innern des Phönix recht merkwürdig zugegangen sein. — Im Juni-Meeting 1885, spricht der Chairman unter jauchzenden Zurufen seiner Hörer von eminenten Fortschritten und entzückenden Aussichten für die Zukunft. Man vertheilt zwei kleine Dividenden, und sechs Monate später theilt derselbe Chairman den Actionairen in gewundenen Worten mit, dass dem Phönix eigentlich nichts übrig bleibe, als unter jeder Bedingung sich mit der Anglo African Mining Compagnie zu fusioniren, denn der Phönix arbeite bereits in einer gefahrvollen Tiefe von 600 Fuss, Wasserschäden drohen u. s. w. u. s. w. — Das erste Werben des Phönix wies die stolze Anglo schnöde ab, trotzdem sie selbst mit ihren Reichthümern nicht prahlen konnte. — Der arme Phönix sollte erst tief gedemüthigt werden, bis im Juli 1887 sein Flehen Erhörung fand. — Und diesen armen Phönix, nannte Herr Lippert wiederholt in seinen Berichten „das Papier der Zukunft".

KIMBERLEI CENTRAL DIA

LIABILITIES. 30. April

To Capital Stock—72,820 Shares, each £ 10, paid up		£ 728,200	0	0
Reserve Fund—				
Dividend on 600 Reserve Shares . . .		1,860	0	0
,, Bills Payable . . . . , .	£ 41,629 8 7			
,, Standard Bank—Special Ad-				
,, Sundry Creditors	4,560 0 4			
,, Paymaster's Deportemen—Balance Wages due and paid in May	695 2 9			
		73,894	11	8
,, Contingend Reserve Fund—				
Amount transfered from Profit and Boos Account for Company's estimated share of Kimberley, Mining Board Debt . .	218,400 0 0			
Less Contra —				
Amount proved by Compaagn yaga inst Mining Board exclusive of interest). . . £103,400 1 5				
Less proceeds of Sheriff's Sales since received . 196 11 6				
	103,202 9 11			
		115,197	10	1
		£ 919,142	1	9

MOND MINING COMPANY, Ld.
1886.   **ASSETS.**

		£	s.	d.
By Claims Property		728,200	0	0
„ Machiney, Plant, and Live Stock		65,055	18	10
„ Stock of Stores		3,738	10	7
„ „ do. (Compound Store)		448	9	7
„ „ Fuel		220	0	0
„ „ Diamonds . . . . . . 882¾ carats		800	0	0
„ „ Blue Ground 103,202 loads . . a 7/6		38,700	15	0
„ Permanent Works—				
Main Shaft . . . . . . £ 10,000 0 0				
Rock Shaft 30,000 0 0		40,000	0	0
„ Sundry Debtors		448	19	10
Head Office—Furniture and Safes		349	10	3
Cash Account—				
Balance at Bank . . . 2,248 0 2				
Cash in Hand 3 1 8		2,251	1	10
„ Kimberley Mining Board—				
Water Hauling Account . 2,357 16 8				
Advance do. Sanitary Expenses, &c. . 102 10 0		2,460	6	8
Special Account—For Amount of Standard Bank claim against Kimberley Mining Board taken over by Central Company . .		12,500	0	0
„ Profit and Loos Account—				
Debit Balance		22,968	9	2
		£ 919,142	1	9

CENTRAL DIAMOND MIN
Profit and Loss Account for the

To Blue Ground Account—								
Rose-Innes High Blue } South-East do. }	Written off 55,000 Loads at 5s					Lstr. 13,750 0 0		
„ Legal Expenses		Lstr.	327	8	7			
„ Medical Attendance, Drugs, &c.			176	0	11			
„ Brokerage			465	15	1			
„ Sundry Charges, General			149	6	9			
„ Consulting Engineers (J. and P. Higson)			188	15	10			
„ Interest and Discount			2,974	9	5			
„ Licenses			500	10	0			
„ Rates—Kimberley Mining Board			920	2	0			
„ Do. —Sundry			39	15	10			
„ Bils Receivable—Amount written off			155	0	0			
„ Committee of Investigation			72	10	0			
„ Preparatory Mine Works-Written off			5,000	0	0			
„ Main and Rock Shaffs— Do.			4,963	8	3			
„ Depriciation of Plant			32,630	12	8			
						48,543 15 4		
„ Head Office—	Salaries		1,273	10	0			
	Printing and Advertising		88	9	4			
	Do. Half-yearly Meeting		144	15	0			
	Rent		120	0	0			
	Auditors' Fees		52	10	0			
	London Agency		166	13	4			
	Traveling Expenses		25	0	0			
	Cablegrams		131	8	5			
	Secretary's Department		125	13	5			
						2,127 19 6		
„ Paymaster's Office—	Salaries					381 0 0		
„ Managing Director, General Manager, Surveyor, Engineer, &c.						2,220 2 1		
„ Expenses—Mine								

Analysis.					
Pumping and Hauling 4,310,902 gallons . . . Lstr. 6,816 2 5	White Wages	8,169	19	0	
Retimbering Mine Shaft . . . 904 9 10	Native do.	7,888	0	2	
	Contractors	20,178	6	5	
	Explosives	421	2	5	
Compound Building and Miners' Rooms . . . 522 2 10	Water	1,073	9	3	
	Fuel	7,328	5	2	
	Oils, Grease, and Tools	1,542	0	3	
Breaking and Hauling Blue 144,289 Mine Loads . . 44,407 1 7	Maintenance	5,889	6	0	
	Surveys	159	6	0	
					52,649 16 8
Lstr. 52,649 16 8					
To Expensens—Floors Analysis.	Managers	220	0	0	
Tramming from Tiphead to Floor 17,915 Loads. . Lsst. 461 9 0	White Wages	3,515	6	3	
	Native do.	3,487	3	0	
	Tramming	425	5	0	
	Harrowing	43	0	0	
Tramming from Mine to Floor Floor 144,280 Miue Loads . . 4,209 8 7	Stable Account	679	4	4	
	Fine Sand Sorters	348	11	3	
	Fuel	2,609	0	5	
	Water	605	2	6	
Working and Washing Tailings— 24,419 Loads. . 1,369 7 0	Oils, Grease, and Tool	329	13	3	
	Maintenance	3,042	10	9	
	Carting	456	6	11	
Working and Washing Blue- 70,127 Miue Loads . . 10,519 6 5	Clearing Floors	325	0	9	
	Cart and Tram Drivers	483	7	4	
					16,559 11 0
Lstr. 16,551 1 0					Lstr. 136,232 4 7
To Balance at 300th April, 1886		19,439	10	10	
„ Do. at 31st October, 1885		4,528	18	4	
		Lstr. 23,968	9	2	

ING COMEANY, LIMITED.
Half-year ended 30th April, 1886.

By Diamond Account—										
Sales	98,861	carats	Lstr.	92,061	0	9				
On hand	862¾	,,		800	0	0				
	99,723¾	carats					92,861	0	9
„ Blue Ground Account—										
Balance on Floers, 30th April, 1886	103.202	loads								
Do. do. 31st Oct., 1885	29,040	,,								
Increase	74,162	loads at 7/6	27,810	15	0					
Less difference of 5/ per load an entered at 11/6	29,040	originally	7,260	0	0					
							20,550	15	0
„ Kimberley Mining Board—Water Hauling							2,694	6	2
„ Rents—Houses							86	0	0
„ Compound Store (nett profit for Half-year)							561	2	5
„ South East Transfer—Survey Fees Refunded							39	9	5
							116,792	13	9
„ Profit and Loss Account — — Balance							19,439	10	10
						Lstr.	136,232	4	7

Profit & Loss Account for the

					£	s.	d.		£	s.	d.
To Blue Ground Account—											
	Rose-Innes High Blue	}	114,049 Loads a 5/- . . .	Lstr.	28,512	5	0				
	South-East do.										
	C. L. Marais Fallen Blue		150 ,, ,, 11/5 . . .		93	15	0				
								Lstr.	28,606	0	0
,, Directors' Fees					886	4	0				
,, Legal Expenses					4,296	7	6				
,, Medical Attendance, Drugs, &c. . . . . . , . . .					397	16	4				
,, Brokerage					792	8	6				
,, Insurance and House Duty					72	13	0				
,, Lincenses					500	10	0				
,, Sundry Charges—General					263	0	9				
,, Ground Rents (Depositing Floors)					200	0	0				
,, Gratuity (Franzsen)					50	0	0				
,, Consulting Engineers (J. & P. Higson)					440	19	10				
,, Rates—Kimberley Mining Board . . . . , .					920	2	0				
,, Do. —Sundry					39	15	10				
,, Bills Receivable—Written off					155	0	0				
,, Interest and Discount					4,702	0	8				
,, Commitee of Investigation					52	10	0				
,, Miners (Amounts owing by Discharged Miners) . . .					135	3	4				
,, Main and Rock Shafts—Written off					4,963	8	3				
,, Depreciation of Plant					40,273	5	1				
									59,141	5	1
,, Head Office—											
	Salaries				2,478	0	0				
	Printing and Advertising				318	7	1				
	Do. Half-yearly Meeting				144	15	0				
	Rent				240	0	0				
	Chairman				169	7	3				
	Auditors' and Valuators' Fees				213	11	0				
	London Agency				400	0	0				
	Travelling Expenses				83	2	6				
	Cablegrams				313	8	6				
	Secretary's Department				285	14	1				
									4,646	5	5
,, Paymaster's Office—											
	Salaries								738	0	0
,, Managing Director, General Manager, Surveyor, Engineer, &c.									5,175	19	6

,, Expenses—Mine—
Analysis.

	Lstr.		Contract Work (W. James)	400	0	0				
Preparatory Mine Works	8,827	19	4	Blue Hauling by other Companies	6,612	6				
James' Contract (balance of Account .	400	0	0	White Wages	23,051	11	11			
Re-Timbering Mine Shaft	904	9	10	Native do.	16,158	5	9			
Compound Building and Miners' Rooms	522	2	10	Contractors	20,179	6	5			
Pumping and Hauling Water — 9,727,146 gallons .	13,583	0	3	Explosives	1,892	2	0			
				Water	1,769	19	6			
				Fuel	15,022	2	1			
				Oils, Grease, and Tools .	2,981	16	3			
				Maintenance	13,602	12	2			
Breaking and Hauling Blue—195,089 Mine Loads . . .	72,190	8	4	Searching	555	14	0			
				Surveys	208	18	0			
Lstr.	96,428	0	7					96,428	0	7

Year ended 30th April, 1886.

By Diamond Account—
Sales . . . . 172,434½ carats   Lstr. 157 2 9
On hand . . . .   862¼   „   800 0 0
                       ─────────
                       173.297¼   „   Lstr. 157,985 2 9

„ Blue Ground Account—
Stock an Floors, 30th April,
   1886 . . . . 103,202 loads
Stock on Floors 30th April,
   1885 . . . . 25,402¼   „
                       ─────────
                       77,799½   „   a 7/6   29,174 16 3
Lees 5/ per Load on . . 25.402¼ ₂ „ originally en-
                                         tered a 12 4 6,350 12 6
                                                                  22,824 3 9
„ Kimberley Mining Board—Water Hauling 6,079 9 3
„ Rents—Houses 212 10 0
„ Compound Store—Profit for year 1,457 14 9
„ Licenses Account (Refunded by Government, Quit-rent 1884)   101 6 8
„ South-East Transfer— (Survey Fees refundet) 39 9 5
                                                                  ─────────
                                                                  188,699 16 7
„ Profit and Loss Account—
   Balance 31st October, 1885 . . . . . Lstr. 240,930 8 11
   Do.   30th April, 1886 . . . . .   19,439 10 10
                                                                  260,369 19 9

Profit & Loss Account for the

	Lstr.						
To Expenses—Floor—Analysis							
Construction of Tip-head Embankments, Pulverising Pits, and Air Chambers	1,459 8 3						
Tramming from Mine to Floor, including Maintenance and re - Constructing Tramway with heavier Rails	7,009 8 7	Managers	515 0 0				
		Whhite Wages	6,137 10 6				
		Native do.	6,336 12 6				
		Tramming	1,115 2 3				
		Harrowing	73 5 0				
Tramming from Tip-head te Floor	461 9 0	Stable Account	1,678 8 9				
		Fine Sand Sorters	491 9 6				
Clearing Floors for Depositing Blue	325 0 0	Fuel	5,818 3 3				
		Water	1,592 14 0				
Working and Washing Lumps and Tailings, 40,582 Loads	2,985 13 0	Oils, Grease, and Tools	670 18 0				
		Maintenance	5,803 19 8				
		Carting	456 6 11				
		Clearing Floors	325 0 0				
Working and Washing Blue 60,936 Lstr.		Cart and Tram Drivers	483 7 4				
							31,597 17 8
FloorLoads 9,162 12 5 70,127 Mine Loads 10,194 6 5							
	19,356 18 10						
	Lstr. 31,597 17 8						
To Contingent Reserve Fund—							226,333 7 3
Amount Transferred as provision for estimatee share of K. M. Board Debt							218,400 0 0
„ Construction and Preparatory Work Accound—Written off							4,185 9 1
„ North-West Diamond Mining Company — do.							151 0 0
„ Balance	Lstr. 260,369 19 9						
Less Credit Balance, 30th April, 1885	236,401 10 7						
					Lstr. 23,968 9 2		

Lstr. 449,069 16 4

Year ended 30th April, 1886.

£str. 449,069 16 4

THE KIMBERLEY CENTRAL DIA

Balance Sheet at

Liabilities.

To Capital Stock — 72,820 Shares, each £10, paid up			£728,200	0	0
„ Reserve Fund —					
Dividend on 600 Reserve Shares			1,860	0	0
„ Bills Payable	£25,106	5 6			
„ Sundry Creditors	6,159	15 1			
			31,266	0	7
„ Contingent Reserve Fund—					
Amount transferred from Profit and Loss Account at 31st Oct., 1885, for Company's estimated share of Kimberley Mining Board Debt	£218,400	0 0			
Deduct Rates Paid Receiver—					
Cash . . £1,473 16 3					
Bills . . 29,578 13 7					
	34,052	9 10			
			184,347	10	2
Less Contra—					
Amount proved by Company against Mining (exclusive of interest)	£103,400	1 5			
Deduct—					
Dividends paid by Receiver £2,863 11 8					
Bills written of in rates . 29,578 13 7					
	32,442	5 3			
			70,957	16	2
			113,389	11	0
To Profit and Loss Account—					
Credit Balance, as per P. & L. Statement			65,473	10	0
			£940,189	4	7

MOND MINING COMPAGNY, Ltd.
31st October, 1886.

Assets.

By Claims Property	£728,200	0 0
„ Machinery, Plant, and Live Stock	71,275	15 7
„ Stock of Stores	8,969	6 6
„ „ „ (Compound Store)	389	5 5
„ „ Fuel	1,800	10 0
„ „ Diamonds . . . 2,066 carats	1,900	0 0
„ „ Blue Ground 202,201 loads a 6s.	60.660	6 0

„ Permanent Works Account—
    Main Shaft £10,000 0 0
    Rock do. 30,233 0 0
                                                       40,233 0 0

„ Kimberley Mining Board—
    Water Hauling & Co. 3,682 13 5
    Special Account—For Amount of Standard Bank claim against Kimberley Mining Board, taken over by Central Company (exclusive of interest) £12,500 0 0
    Less, Dividends from Receiver . . 436 15 1
                                                     12,063 4 11

„ Sundry Debtors 363 6 8
„ Head Office (Furniture & Safes) 382 12 9

„ Cash Account—
    Balance at Bank £10,043 0 3
    Cash in hand 226 3 1
                                                     10,269 3 4

£ 940,189 4 7

THE KIMBERLEY CENTRAL D
Profit and Loss Account for 1

To Legal Expenses		Lstr.	21 11 1		
,, Medical Attendance, Drugs, & Co.			15 9 9		
,, Brokerage			805 11 8		
,, Sundry Charges, Feneral			77 0 9		
,, Interest and Discount			1.599 6 1		
,, Licences			146 10 8		
,, Rates - Kimberley Mining Board			3,976 14 3		
,, Directors' Fees			277 4 0		
,, Ground Rents			2J0 0 0		
,, G. W. Miners' Union			286 0 0		
				Lstr,	7,545 8
Head Office -	Salaries		1,017 10 0		
	Printing and Advertising		206 1 3		
	Rent		141 0 0		
	Auditors' and Professional Fees		155 0 0		
	London Agency		150 0 0		
	Travelling Expenses		98 0 0		
	Cablegrams		83 0 1		
	Late Chairman's Remuneration		130 12 9		
	Secretary's Department		125 18 8		
					2,107 2
,, Paymaster's Office—	Salaries				381 0
,, General Manager, Surveyor, & Co.					1,241 0

Expenses—Mine—
Analysis.

Pumping and Hauling Water	Lstr. 7,390 7 3				
Re-timberingMine Shaft	316 13 2	White Wages	8.620 0 5		
Sinking Prosgecting do.	977 3 3	Native do.	5,295 6 9		
Compound Building and Miners' Rooms	722 10 6	Contractors	28,433 5 6		
		Explosives	61 9 6		
		Water	1,326 11 7		
		Fuel	10,512 11 3		
Reef Contractors	50 13 9	Oils, Grease and Tools	1,325 17 5		
Breaking&Hauling B'ue, 206,726 Mine Loads	53,488 8 8	Maintenance	7,371 14 2		
	Lstr. 62,945 16 7				
					62,945 16

To Expenses—Floor—
Analysis.

Tramming from Mine to Flor 206,726 Mine Loads	8,129 7 8	Manager	255 0 0		
		White Wages	4,488 10 0		
Constructing New Tramway	251 7 6	Native do.	10,973 12 3		
		Harerwing	238 16 3		
Clearing Floor	192 1 2	Stable Account	638 6 2		
Enlarging Reservoir	54 0 4	Fine Sand Sorters	374 8 0		
		Fuel	3,933 8 0		
Working andWashing Taiings 34,174 Loads	1,377 3 6	Water	1,124 3 2		
		Oils, Grease, and Tools	400 18 7		
		Maintenance	4,361 15 9		
WorkingandWashingBlue107,727 Mine Loads	17,537 1 4	Carting	159 10 10		
		Cart and Tram Drivers	502 12 6		
	Lstr. 27,541 1 6				
					27,541 1
					101,761 9

To Profit and Loss Account Balance 89,441 19

MOND MINING COMPANY, LIMITED.
Half-Year ended 31st October, 1886.

y Diamond Account—							
Sales	164,843 carats		160,306 0 3				
On hand	2,066 „		1,900 0 0				
	166,900 „			162,206 0 3			
„ Blue Ground Account—							
Balance on Floors, 31st October 1886 202,201 loads.							
Do. do., 30th April „ 103,202 „							
Increase	98,999 loads at 6s.		29,699 14 0				
Less difference of 1s. 6d. per load on 103,202 „ originally credited at 7s.6d.			7,740 3 0				
				21,959 11 0			
„ Kimberley Mining Board—Water Hauling				4,715 9 11			
„ Rents—Houses				155 0 0			
„ Compound Store (nett profit for Half-year)				282 0 1			
„ Blue Ground Account. per Stuart Bros.				1,053 15 1			
„ Blue Hauling Account, do. do.				831 12 0			

Lstr. 191,203 3 3

Balance at 31st October 1886 . . . . Lstr. 89,441 19 2
do. 30th April 1886 . . . . Lstr. 23,968 9 2

Lstr. 65,473 10 0

THE KIMBELEY CENTRAL DIAMOND

Balance sheet

Liabilities.

		£ s. d.	£ s. d.
To Capital Stock—72,820 Shares, each £ 10, paid up		728,200 0 0	
,, Reserve Fund		20,000 0 0	
,, Bills Payable	13,570 5 2		
,, Sundry Creditore	2,641 9 7		
			16,211 14 9

,, Miniug Board Debet Account—

Contingent Reserve Fund—Balance ad
  31st Oct, 1886 . . . . . . £ 184,347 10 2

Deduct Rates Paid Receiver—
  Cash . . . . . . £ 7,593 8 0
  Mining Board Bills . 23,864 3 5
                      ─────────────
                       31,817 11 5
                      ─────────────
                      152,529 18 9

Less Contra
Balance at 31st Oct., 1886 70,957 16 2

Deduct—
Dividends
 paid by
 Receiver 3,341 11 6
Bills writ-
 ten off . 23,864 3 5
          ─────────────
           27,205 14 11
          ─────────────
                       43,752 1 3
                      ─────────────
                                  108,777 17 6

,, Profit and Loss Account—
Credit Balance as per P. & L. Statement 92,010 19 10
                                               ─────────────
                                               £ 965,200 12 1

MINING COMPANY, LIMITED.
at 30th April, 1887.

Assets.

By Claims Property		£ 728,200	0	5
„ Machinery, Plant and Live Stok		70,719	14	0
„ Stocks on hand—				
„ „ Diamonds 3,615 carats		4,080	0	0
„ „ Blue Ground 172,560 loads at 6/-		51,770	8	0
„ „ Stores		8,477	11	8
„ „ Fuel		1,263	13	2
„ Permanent Works Account—				
„ Main Shaft	10,400 0 0			
„ Rock Shaft	33,000 0 0			
		43,400	0	0
„ Kimberley Mining Board—				
„ Water Hauling,		1,511	17	6
„ Special Account—				
Balance at 31st Oct., 1886	12,063 4 11			
Less Dividends per Receiver	670 15 0			
		11,392	9	11
„ Sundry Debtors		626	16	1
„ Head Office (Furniture and Safes)		382	12	9
„ Cash Account—				
Balance at Bank and on hand		23,375	8	0
„ Reserve Fune—				
Cash at Bank		20,000	0	0
		£ 965,200	12	1

THE KIMBERLEY CENTRAL DIAMOND
Profit and Loss Account for the

			£ s. d.	£ s. d.
To Blue Ground Account—				
Balance on Floors, 31st Oct., 1886		202,201		
Do. do. 30th April, 1887		172,568		
Decrease		29,633 loads at 6s.		8,889 18 0
,, Legal Expenses			140 8 6	
,, Medical Attendance, Drugs, &c.			196 8 7	
,. Brokerage			1,248 19 11	
,, Sundry Charges, General			210 19 9	
,, Interest and Discount			981 8 9	
,, Licenses and Quit Rent			997 4 11	
,, Ground Rents			586 2 6	
,, Rates, Kimberley Mining Board			4,418 11 2	
,, Do. Sundry			64 11 8	
,, Directors' Fees			81 18 0	
,, Searching Department (Detective Department shortfall)			1,840 4 0	
,, Depreciation of Plant for Year			20,752 15 0	
				31,519 12 9
,, Head Office—	Salaries		1,405 0 0	
	Printing and Advertising		198 5 3	
	Rent		141 0 0	
	Auditors' Fees		105 0 0	
	London Agency		125 0 0	
	Cablegrams		176 17 4	
	Secretary's Department		146 16 3	
				1,937 18 10
,, Paymaster's Office— Salaries				401 0 0
,, General Manager, Surveyor, Engineer, &c.				1,336 0 0
,, Expenses—Mine—				

Analysis.

	Lst.			£ s. d.
Pumping and Hauling Water	6,091 2 0		White Wages	9,148 15 4
Compound Building & Miners' Rooms	1,168 8 3		Native do.	8,170 6 6
Reef Work	584 0 8		Contractors	25,898 11 7
Constructing New Road to Works	501 12 3		Explosives	4 9 7
Re-timbering Rock Shaft	3,262 10 8		Water	1,286 7 11
Breaking and Hauling Blue 195,540 loads	50,986 14 11		Fuel	8,777 8 10
			Oils, Grease and Tools	1,549 9 9
			Maintenance	7,758 19 3
Lstr.	62,594 8 9			62,594 8 9

MINING COMPANY, LIMITED.

Half-Year ended 30th April, 1887.

By Diamond Account—
Sales . . .	240,714½ carats	.	246,485	14	2		
On hand . .	3,615 ,,	.	4,080	0	0		
	244,329½					250,565	14	2

,, Lumps washed—Company's share of proceeds 184 8 6
,, Kimberley Mining Board—Water Hauling 3,997 2 6
,, Rents—Houses 135 0 0
,, Compound Stores (net profit for Half-year 1,011 17 10

£255,894 3 0

THE KIMBERLEY CENTRAL DIAMOND

Profit and Loss Account for the

To Expenses—Floor—				Manager . . .	300	0	0	
				White Wages .	5,464	18	7	
				Native do. .	11,312	4	4	
Analysis.		Lstr.		Harrowing . .	353	0	0	
Tramming and Tipping, 195,540 Loads	7,027	8	6	Stable Account	1,225	6	9	
				Fine Sand Sorters . . .	446	11	6	
Clearing Floor	381	12	9	Fuel	5,206	4	3	
Working and Washing Tailings, 33,086 Loads . . .	1,515	6	5	Water . . .	1,199	6	4	
Working and Washing Blue, 225,173 Loads	22,793	7	2	Oils, Grease and Tools . . .	975	19	6	
				Maintenance .	4,221	14	1	
	Lstr. 31,717	14	10	Carting . . .	196	13	0	
				Cart and Tram Drivers . .	815	16	6	
							31,717	14 10
							138,396	13 2
„ Profit and Loss Account—Balance							117,497	9 10
						£	255,894	3 0

To Dividend Account—			
5 per cent. 31st Dec., 1886 . . . 36,410 0 0			
4 per cent. 31st Mar., 1887 . . . 36,410 0 0			
		72,820	0 0
„ Reserve Fund—			
Transfer from Profit and Loss Account		18,140	0 0
„ Balance—			
Net, at 30th April, 1887		92,010	19 10
	£	182,970	19 10

MINING COMPANY, LIMITED.
Half-Year Ended 30th April, 1887.

£ 255,894 3 0

By Balance Profit and Loss Accounts—
    At 31st October, 1886 . . . . 65,473 10 0
    At 30th April, 1887 . . . . . 117,497 9 10
                                                         182,970 19 10

£ 182,970 19 10

STANDARD DIAMOND MINING COMP
Balance Sheet for the Year

Liabilities.

Capital Stock . . . . £ 363,600 0 0		
Less Reserved Shares unissued . . 20,000 0 0		
	£ 343,600	0 0
Sundry Creditors	2,961	7 2
Profit and Loss	72,384	18 2

ANY, KIMBERLEY MINE, LIMITED.
ended 30th November, 1886.

Assets.

Claim Account	£ 318,000	0	0
Machinery and Plant Account	25,600	0	0
New Machinery and Plant Account	4,214	8	0
Live Stock Account	1,070	0	0
66 Horses and Mules and 10 Oxen.			
Compound Buildings Account	893	1	9
Kimberley Mining Board Office and Funiture—			
Half-Share	177	8	0
Office Furniture Account	302	8	9
Bills Receivable Account	497	0	6
Sundry Debtors Account	61	13	7
Compound Account	320	0	0
Stock of Goods in Store.			
Kimberley Mining Board Account—			
For Water Hauling, &c. 292 9 4			
For Bills and Interest 6,166 5 11			
	6,458	15	3
Blue Ground on Floors—			
65,504 Loads at 10/- per Load	32,752	0	0
Diamonds on Hand—			
3029 carats (since sold)	4,000	0	0
Cash Account—			
Balance at Banks 24,585 7 0			
Cash on hand 14 2 0			
	24,599	9	0
	£ 418,946	5	4

STANDARD DIAMOND MINING COM
Profid and loss account for

To	Rate Account (levied for liquidation Kimberley Mining Board debt)			11,120	2 11
,,	London Agency Account . . . . . £	59 17	0		
,,	Charges Account	1,089 4	1		
,,	Rent Account	100 0	0		
,,	Directors' Fees Account	323 8	0		
,,	Auditors' Fees Account	50 0	0		
,,	Bonuses Voted December, 1885 . .	1,750 0	0		
,,	Legal Expenses Account	586 13	8		
,,	Brokerage Account	2,497 9	5		
,,	Rates and Licenses Account . .	2,570 4	3		
,,	Stable Account	1,952 5	10	9,026 16	5
,,	Material Account	5,007 2	6		
,,	Oil Grease Account	3,054 18	11		
,,	Water Account	4,655 4	6		
,,	Working Expenses Account . . .	3,426 11	6		
,,	Explosives Account	4,172 13	3		
,,	Fuel Account	9,695 7	8		
,,	Wages Account—				
	Europeans . . . £ 28,806 4 0				
	Natives 31,541 1 0	60,347 5	0		
,,	Dividend Account			92,311 9	2
	No.12, Declared Dec. 19th, 1885, 4 per cent. £13,744 0 0				
	No.13, ,, Dec. 31st, ,, 1½ ,, 5,154 0 0				
	No.14, ,, Jan. 31st, 1886, 1½ ,, 5,154 0 0				
	No.15, ,, Feb. 28th, ,, 5 ,, 17,180 0 0				
	No.16, ,, March 31st, ,, 4 ,, 13,744 0 0				
	No.17, ,, April 30th, ,, 3 ,, 10,308 0 0				
	No.18, ,, May 31st, ,, 3 ,, 10,308 0 0				
	No.19, ,, June 30th, ,, 3 ,, 10,808 0 0				
	No.20, ,, July 31st, ,, 3 ,, 10,308 0 0				
	No.21, ,, Aug. 31st, ,, 3 ,, 10,308 0 0				
	No.22, ,, Sept. 30th, ,, 3 ,, 10,308 0 0				
	No.23, ,, Oct. 31st, ,, 3 ,, 10,308 0 0				
				127,132 0	0
,,	Balance			72,334 18	2
				£ 311,975 6	8

PANY, KIMBERLEY MINE, LIMITED.
Year ended 30th November, 1886.

By Balance, November 30th, 1885			£ 41,595	16 3
,, Diamond Accont	£ 246,090	1 8		
235,476 carats.				
,, Debris Lumps Washed on Percentage	857	15 6		
,, Water Hauling Account	1,158	0 3		
1,770,724 gallons.				
,, Hauling for other Companies . .	1,152	6 0		
,, Compound Accound	334	11 2		
Profit for the Year.				
,, Kimberley Mining Board Bill Account	258	15 0		
Profit on Bill Purchased.				
,, Kimberley Mining Board Account .	13,704	0 2		
Previously written off, new brought back.				
,, Interest Account.	1,587	0 8		
,, Blue Ground on Floors—				
65,504 loads on Floors, Nov. 30, 1886				
less 54,731 ,, ,, Nov. 30, 1885				
10,773 loads increase at 10s. per load	5,386	10 0		
			270,579	10 5

£ 311,975 6 8

COMPAGNIE FRANÇAISE DES

ACTIF.

BILAN-EXE

	Fr.	C.
Ensemble des concessions.	6,699.348	95
Puits extérieur	527,482	25
Puits intérieurs nos 1 et 2	214,954	40
Machines et Installations.	2,037,260	15
Matériel d'exploitation en magasin	227,674	20
Combustible et Fourrage en magasin	14,039	—
Terres blues diamanifères. . . . . , . . . loads	715,635	50
Stock de diamants bruts à Paris	9,029	70
— — — Kimberley	220,920	15
Opérations en cours.	220,920	50
Caisse à Paris et à Kimberley	9,306	90
Portefeuille à Paris.	648,104	05
Valeurs diverses (Rentes, Actions et Obligations) . .	2,948,843	20
Dépôts: Banquiers en Europe	1,182,792	90
— — Afrique	133,078	85
Débiteurs divers	8,711	25
Notre créance contre Kimberlei Mining Board 8,069,031 55		
Moins notre part dans la dette générale du Mining Board évaluée à ce jour 2,212,733 25	856,298	30
Droits de transmission.	24,943	10
Acompte sur le dividende de 1886	560,000	—
	17,261,089	35

MINES DE DIAMANTS DU CAP.
RCICE 1886
PASSIV.

	Fr.	C.
Capital	14,000,000	—
Réserve légale	420,225	30
— extra-statutaire	750,000	—
Dividendes arriérés	36,805	01
Impôt sur le revenu	16,800	—
Profits et pertes,	3,355,516	86

Prélèvement pour completer notre part dans la dette générale du Mining Board Fr. 665,214 65

Amortissement sur puits extérieur . . . . Fr. 400,000 —

Amortissement sur machines et installations. . Fr. 300,000 — 1,365,214 65   1,990,302 24

18,261,089 35

Compte de Profits et Perts. —

DOIT.

Changes, Escomptes, Agios, Courtages et divers	8,417	15
Assurances sur transports de diamants . .	6,474	—
Commissions à divers pour vente de diamants en Europe	7,241	65
Différence sur ventes de diamants en Europe	26,412	55
Jetons du Conseil d'administration . . .	30,000	—
Frais généraux (loyer, appointements, impôt, timbres, contentieux, télégrammes etc.)	56,949	05
Prélévement pour compléter notre par dans la dette générale du Mining Board .	665,215	65
Amortissement sur puits extériert à Kimberley	400,000	—
Amortissement sur machines et installations à Kimberley	300,000	—
Bénéfices	1,990,302	24

3,491,011 39

Siège central, Paris. 1886.

AVOIR.

Solde de l'année 1885 à nouveau	19,977	46
Report du Compte général des Profits et Pertes Kimberley	3,324,488	75
Différences de changes et divers . . .	8,049	73
Bénéfice sur Actions et Obligations sorties .	15,623	85
Intérêts sur valeurs et dépôts	122,871	60

3,491,001 39

THE DE BEER'S MINING
BALANCE, SHEET,

LIABILITIES.

To Capital Account, 104,512 Shares of £ 10 each			£ 1,045,120	0	0
„ Bills Payable			13,158	9	0
„ Unclaimed Dividend Account:—					
Cheques outstanding . . .	£ 7,116	8	0			
Dividend of 6 per cent declard 31st March, payable 8th April, 1886	62,707	4	0			
				69,823	12	0
„ Commission in suspense				1,500	0	0
„ Creditors :						
Standard Bank, for advance on 20,282 cts. of diamonds, value £ 23,890 3 s. 10 d., per contra sent to I. and C. Exhibition	£20,000	0	0			
Cape of Good Hope Bank, for a loan, for the purpose of the advance made on Bond of the 'Gem' D. M. Co., £ 21,500 contra . . .	20,000	0	0			
„ Sundry Accounts outstanding .	7.501	2	10			
				47,501	2	10
„ Balance of Profit and Loss Account				114,352	3	7

£ 1,291,455   7   5

COMPANY (LIMITED).
31st MARCH, 1886.

ASSETS.

By Claims Account	£ 1,060,267	5	6
„ Machinery, Property, and Plant	50,768	9	1
„ Office Furniture	287	18	6
„ Convict Barracks	3,000	0	0
„ Compound for Free Natives	2,400	0	0
„ Shaft to Underground Workings:— (Amount expended to date)	8,116,	9	0
„ Claim Investments:— Purchases of Claims in De Beer's Mine	7,798	7	7
„ Bond by 'Gem' D. M. Co. to A. Beit, and by him ceded to this Company, covering their block of Claims, Machinery, and Plant, together with that Company's claim, £ 22,046 9 s. 10 d., against the Kimberley Mining Board	21,500	0	0
„ Stock of Coal	8,764	9	8
„ Stock of Blue Ground:— 230,660¼ 16 cubic ft. loads	41,519	16	5
„ Stock of Lumps:— 18,384 16 cubic ft. loads	919	4	0
„ Sundry Debtors	119	2	5
„ Diamonds shippeds to London (20,282 carats)	23,890	3	10
„ Diamonds in hand (11,580½ carats) valued at (Since sold for Lstr. 11,175.)	11,000	0	0

„ Cash at Bankers: —
    Cape of Cood Hope Bank   £ 31,346 17 10
„ Standard Bank 19,757 3 8

	51,104	1	6
	£ 1,291,455	7	5

THE DE BEER'S MINING
Profit & Loss Account from 1st April,

DR.

		£	s	d
Advertising and Stationery Account	Lstr.	520	2	6
Auditors' Fees (for 1884, and ¾ of 1885)		255	0	0
Air Shafts Account		201	5	0
Bonus Account		400	0	0
Charges Account		601	6	8
Claims Investment Account		6,573	18	2
Contractors Account (Blue Ground)		34,463	0	6
Convict Labour Account		3,987	17	11
Convict Barracks		216	0	5
Convict Barracks (Maintenance of)		79	4	3
Dividend Account		121,814	8	0
Development Account (of workings at 500 feet Level)		3,169	15	3
Debris Account		424	17	1
Deals Stock Account		37	15	7
Floating Reef Account		9,960	13	5
Fuel Account		11,911	4	10
Interest and Discount Account		1,153	16	10
Independent D. M. Co.		316	10	0
Jones' Shaft No. 1		1,028	6	2
London and S. African D. M. Co.		132	5	0
London Office		53	13	0
Lumps on Floors: -				
Balance at Mar 31. '85, 44,694 16c. ft. lds.				
„ „ '86, 18,384 „				
Decrease . . 26.310 do. at 1/-		1,315	10	0
Machinery and Plant Account (depreciation)		6,055	19	4
Maintenance of Machinery		10,909	0	8
Maintenance of Crusher		220	13	4
Main Reef Account		754	11	4
Main Reef Special Account		11		6
Oats & Co.		1	7	4
Produce Account		3,154	11	8
Property Account		774	8	4
Prospecting Account		398	0	11
Plans and Survey Fees Account		627	6	0
Rates, Licences, Taxes, &c.		10,467	17	5
Reservoirs-on-Floors		111	7	0
Salaries Account		6,310	18	3
Searching System		442	10	5
Sanitary Department		540	18	6
Shaft Account (outside Mine)		5,221	1	0
Special Output Account		6,599	9	1
Detective Department		66	5	0
United D. M. Co., (for Wages &c. paid but not distributed)		953	18	0
Underground Works		3,569	4	7
Workshops		52	5	6
Commission to Fine Sand Sorters		2,142	14	1
Wages Account		19,835	10	9
Water Account		3,198	10	9
Water Contract		1,319	17	10
West End Slip		35,383	11	10
West End Compound		729	11	4
Contract Work on Floors, Filling Tramming &c.		6,279	13	6
Balance of Profit		114,352	3	7
	Lstr.	438,890	9	6

COMPANY (LIMITED).

1885, to 31st March, 1886.

	CR.		
Balance brought from last year	98,067	0	3
Sundry small Balances written off	9	18	8
Blue Ground on Floors:—			
Balance at Mar. 31, '86 230,660 1/16 cft lds.			
do. '85 138,318 ,, ,			
Increase .. 92,342 1/4 do. at 3/9	17,314	3	5
Diamond Account:—			
Diamonds found during year 395.001 cts.	323,499	7	2

DE BEER'S MINING BALANCE SHEET,

LIABILITIES.

To Capital Account, 126,562 Shares of £ 10 each .		£ 1,265,620 0 0	
„ Unclaimed Dividend Account:—			
Cheques and Warrant outstandig £ 1,414 13 6			
Dividend at 5 per cent. for the Quarter ended 31st. march, payable April 27th, 1887 . 63,281 0 0			
		64,695 13 6	
,. Creditors:—			
Cape of Good Hope Bank, for a loan, for the purpose of the advance made on Bond of the 'Gem' D. M. Company, £ 21,500 contra 20,000 0 0			
For advances for the purpose of certain investments in the shares of the undermentioned companies, viz.:—			
'Gem' D. M. Co. £ 38,383 15 4			
'Victoria' D. M. Co. 57,417 18 6			
95,801 13 10			
		115,801 13 10	
„ Sundry Accounts outstandig		10,863 5 5	
„ Security Account, for Amount in hand, arising from partial payments on account of the Kimberley Mining Board's debt, £ 22,046 19 s. 10 d. to 'Gem' D. M. Co., contra		1,192 12 10	
„ Commission in suspense		1,464 13 4	
„ Balance of Profit and Loss Account		178,086 13 5	

£ 1,638,724 13 4

COMPANY, LIMITED.
31st MARCH, 1887.

ASSETS.

By	Claim Account	£1,280,767	5	5
„	Claim Investments:—			
	Purchases of Claims in De Beer's Mine . .	3,267	7	9
„	Share Investments, as per contra	95,801	13	10
„	Bond by 'Gem' D. M. Co. to A. Beit, and by him ceded to this Company, covering their block of Claims, Machinery, and Plant, together with that Company's claim, £22,046 19 s. 10 d, against the Kimberley Mining Board	21,500	0	0
„	Property	6,412	14	3
„	Kenilworth Estate	201	7	8
„	Convict Barracks	4,166	12	8
„	Compounds for Free Natives, Furniture, &c. .	7,422	11	3
„	Stock of Blue Ground:—			
	288,133½ 16 cubic feet loads . :	52,448	8	11
„	Stock of Lumps:--			
	42,698 16 cubic feet loads:—	2,134	18	0
„	Stock of Coal	187	18	6
„	Deal Stock Account	850	0	0
„	Live Stock	1,855	1	9
„	Merchandize in Compound Store	537	10	3
„	Machinery and Plant	52,000	0	0
„	Office Furniture	409	12	4
„	Sundry Debtors	5,849	1	10
„	London Transfer Office:—			
	Colonial Revenue Stamps supplied them . .	150	0	0
„	Shaft to Underground Workings:—			
	(Amount expended to date) . . £ 8,937 0 0			
„	Shaft in the Hard Rock outside the Mine:—			
	(Amount expended to date . . 10,712 4 0			
„	Development of Undergroud Workings:			
	At 500 ft. level £ 7,276 2 5			
	At 600 „ 2,898 4 4			
	At 685 „ 1,116 16 7			
	———— 11,291 3 4			
		30,940	7	4
„	Diamonds in hand, 10,688½ carats, valued at .	11,750	0	0
	(10,515 carats since sold for £11,717 13 s. 9 d.)			
„	Diamonds shipped to London (20,282 carats)			
	Balance unsold, valued at	1,524	18	8
„	Cash at Bankers:—			
	Cape of Good Hope Bank	58,547	2	11
		£1,638,724	13	4

THE DE BEER'S MINING
Profit & Loss Account from 1st

DR.						
Charges, viz.:—						
Advertising and Stationery	£ 749	7	9			
Auditor's Fees (1¼ years)	200	0	0			
Bonus	650	0	0			
General Charges	1,511	15	11			
Interest and Discount	2,284	2	2			
Law Costs	155	4	10			
Plans and Survey Fees	473	8	9			
Rates, Licenses and Taxes	14,097	15	11			
Sanitary Account	595	16	6			
				20,697	11	10
Working Expenses, viz:—						
Contractor's Account (Blue Ground) hauling and washing	73,436	12	4			
Fuel	21,692	1	4			
Produce and Stables	4,569	6	6			
Prospecting	2,022	12	11			
Pulsator	181	4	7			
Pumping	1,561	7	10			
Sorters on Percentage (Commission)	106	1	6			
Water	5,400	13	6			
				108,970	0	6
Maintenanze, viz:—						
Convict Barracks (Maintenanze of)	147	6	9			
Maintenance of Machinery	28,398	16	11			
Machinery and Plant (amount written off for depreciation)	6,492	2	11			
				35,038	6	7
Salaries and Wages, viz:—						
Convict Labour Account	6,358	12	3			
Searching System	1,496	15	3			
Wages Account	35,069	16	6			
Salaries Account	7,620	4	11			
				50,545	8	11
Dead Work, viz:—						
Main Reef Account	13,869	7	10			
Debris Account	28,094	18	0			
				41,964	5	10
Claims Investment Account				4,547	12	7
Dividend Account				199,349	4	0
London Office				193	17	9
West End Compound "Charges"	2,660	18				
West End Compound "Hospital"	584	8				
				3,245	6	9
Balance of Profit				179,086	13	5
				£ 643,638	8	2

COMPANY, AIMITED.
April, 1886, to 31st March, 1887.

	CR.
Balance brougth forward from last year	£ 114,352 3 7
Sundry small accounts written of	37 19 9

Blue Ground on Floors:—
    Balance Mar. 31st, '87, 288,133½ 16 c. ft. lds.
    Do.   '86, 239,660¼   „

    Increase   57,437¼ do. 3/9 7/11 ths . .   10,928 12 6

Lumps on Floors:—
    Balance Mar. 31st, '87, 42,698 16 c. ft. lds.
    Do.   '86, 18 384   „

    Increase   24,312   „ at 1/ . . .   1,215 14 0

Diamond Account:—
    Diamonds found during year, 560,253¾ cts. . . .   517,103 18 4

£ 643,638 8 2

FRENCH & D'ESTERRE DIAMOND

Balance Sheet,

LIABILITIES.

		£	s.	d.
To	Capital Account	155,600	0	0
„	Reserve Fund Account (lodged in Standard Bank)	2,984	19	4
„	Shareholders Dividends due (in Standard Bank)	38	6	0
„	Amount due for Coal delivered	1,650	0	0
„	Balance of Profit and Loss Account	8,848	5	0

£ 169,121 10 4

MINING CO., BULTFONTEIN MINE, LTD.

December 31, 1886.

ASSETS.

	£	s.	d.
By Claim Account	125,110	11	9
,, Machinery and Plani Account	20,121	1	6
,, Blue Ground on Floors, 60,995 Loads at 2s per Load	6,099	10	0
,, Blue Ground on Floors of the late Bultfontein Central D. M. Co., 25,774 loads, cost	2,267	19	3
,, Lumps on Floors, 21,994 Loads at 6d. per Load	549	17	0
,, Special Reserve Fund Account (lodged in Standard Bank)	2,984	19	4
,, Dividend Account, Cash in Standard Bank	38	6	0
,, Cash Account. Cash in Standard Bank	3,085	13	6
,, Diamonds in hand	2,278	0	0
,, Store Account (Stocks in Store)	910	0	0
,, Sundry Debtors	125	0	0
,, Shares in Reserve— Increase of Capital . . . £ 40,000 Amount of Shares issued for Claims of Bultfontein Central Co. and Gear of Messrs. J. Hocking & Co. . . . . 34,500 Balance of Shares not issued yet ———	5,500	0	0
,, Office Furniture Account	50	12	0
	£ 169,121	10	4

Profit and Loss Account,

LIABILITIES.

	£	s.	d.
To Reserve Fund Account—5 p.c. on net profit of half year ending 30th June, 1886	493	10	1
„ Dividend Account— Amount of 13th div. . . . £ 4,624			
„ 14th 4,624	9,248	0	0
„ Floor Working Account, wages for white and black labour	6,272	10	6
„ Claim do. do. do.	7,286	8	11
„ Searching Department, wages for Searchers	435	0	0
„ Machinery Maintenance Account	3,053	11	10
„ Water Account	1,982	7	6
„ Grease and Oil Account	359	17	1
,. Fuel Account	3,551	6	3
„ Produce Account	1,141	12	9
„ Explosives Account	950	19	5
„ Rates and Licenses Account	1,349	3	2
„ Salary Account	1,017	1	6
„ General Expenses	447	14	11
„ Brokerage	368	2	0
„ Discount, Interest, and Commission Account	137	14	9
„ Salary to London Agency	37	10	0
„ Machinery and Plant Account, written off for depreciation, wear and tear, 10 per cent.	2,235	13	4
„ Balance, December 31, 1886	8,848	5	0
	£49,216	8	6

December 31, 1886.

ASSETS.

	£	s.	d.
By Balance at 30th June. 1886	12,036	9	3
„ Lumps on Floor—			
Stock on Floor,			
31st, Dec. 1886, 21,994 Loads			
do. 30th June, 1886, 11,812 „			
Stock in excess of last half-year, 10,182 Loads at 6 d. per load	254	11	0
„ Blue on Floor—			
Stock on Floor,			
31st Dec. 1886, 60,995 Loads			
do. 30th June, 1886, 58,384 „			
Stock in excess of last half-year, 2,611 Loads at 2 s. per load	261	2	0
„ Diamond Accnt., diamonds sold. shipped and on hand	36,501	16	3
„ Rent Account	162	10	0

£ 49,216 8 6

THE ADAMANT DIAMOND
Profit and

Dr. From 1st March 1886 to 2nd Nov. 1886 and

	To 2nd Nov. 1886.			To 28th Feb. 1887.			TOTALS.		
	L.	s.	d.	L.	s.	d.	L.	s.	d.
To Wages and Salaries	8,279	16	11	4,065	11	0	12,345	7	11
„ Filling Blue Ground	4,816	7	9	2,748	17	0	7,565	4	9
„ Loosening, Filling, Hauling, etc, Blue Ground—Homestead				2,542	13	3	2,542	13	3
„ Maintenance, Repairs and Depreciation	3,146	13	0	1,463	14	7	4,610	7	7
„ Fuel, Grease, Oil etc.	3,466	2	5	1,947	14	6	5,413	16	11
„ Rates and Licenses	1,108	9	0	723	18	4	1,832	7	4
, Harrowing and Cart Hire	787	10	1	347	11	8	1,135	1	9
„ Water Rent	777	6	6	277	10	6	1,054	17	0
„ Stable Expenses	543	3	4	287	13	0	830	16	4
., General Expenses	467	18	10	276	8	8	744	7	6
„ Interest and Discount				120	8	3	120	8	3
„ Removal Floating Reef				1,023	6	0	1,023	6	0
„ Removal Main Reef				211	17	0	211	17	0
„ Directors' ordinary Fees and extra Remuneration to 2nd November, 1886	556	13	4	196	13	4	753	6	8
„ London Office Rent and Expense	98	12	8	36	17	7	135	10	3
., Income Tax	108	17	6	79	9	2	188	6	8
„ Balance	5,277	7	5	4,933	6	10	10,210	14	2

Lstr. 29,434 18 9   21,283 10 8   50,718 9 5

MINING COMPANY LIMITED.
loss Account,
from 3rd Nov. 1886 to 28th Feb. 1887.   Cr.

	Cts.	To 2nd Nov. 1886. L. s. d.	To 28th Feb. 1887. L. s. d.	TOTALS L. s. d.
By Proceeds of Sales	29,061¾	29,929 10 0		
Deduct Diamonds in Stock 1st March 1886	975¾	1,085 0 0		
	28,026	28,844 10 0		
By Proceeds of Sales—				
at Kimberley	10,504½		11,745 0 0	
in London	1,488¼		1,672 13 11	45,559 15 11
„ Stock in Kimberley	1,142¼		1 250 0 0	
„ „ „	172¾		172 15 0	
„ „ London	1,762½		1,875 0 0	
	Cts. 15,070¼		16,715 8 11	
Less Brokerages		158 11 5	119 4 0	277 15 5
		28,685 18 7	16,596 4 11	45,282 3 6
„ Proceeds of Washing Fine Sand and Lumps 3,579 Cts. Sold for . . Lstr. 2,130 0 0				
570 „ Deduct Stock 1stMarch 1886	209 5 0			
3,009	1,920 15 0			
„ Cost of Washing	1,495 3 6	425 11 6		
2,496½ Cts. Sold for . .	2,323 0 0			
525¾ „ in Stock 28th February	152 5 0			777 3 9
3,022¼	2,475 5 0			
„ Cost of Washing	2,123 12 9		351 12 3	
„ Haulage Blue from Homestead, and Rent Homestead Floors			100 0 0	100 0 0
„ Rebate			7 6 0	7 6 0
„ Transfer Fees		3 15 0	4 0 0	7 15 0
„ Interest and Discount		211 1 2		211 1 2
„ Increase of Stock of Blue on Floors— 2nd November 1886 . . . 60,065 1st March 1886 59,196				
	869at2/6	108 12 6		
„ Increase of Stock of Blue on Floors— 28th February, 1887—Adamant 64,801 Less Stock 2nd Nov., 1886 60,065				
4,736 Homestead . . 29,059				4,333 0 0
	33,795at2/6		4,224 7 6	
		Lstr. 29,434 18 9	21,283 10 8	50,718 9 5

6

THE ADAMANT DIAMOND
Profit and

Dr. From 1st March 1886 to 2nd Nov. 1886 and

	L.	s.	d.	L.	s.	d.	L.	s.	d.
To Interim Dividende paid 25th June, 1886	2,000	0	0				2,000	0	0
„ „ „ 30th Sept., 1886	2,000	0	0				2,000	0	0
„ Balances carried down	8,839	14	8	4,933	6	10	13,773	1	6
Lstr.	12,839	14	8	4,933	6	10	17,773	1	6

Dr. **Balance Sheet,**

Capital and Liabilities.

	L.	s.	d.	L.	s.	d.	L.	s.	d.
I.—Capital—8,000 Shares of Lstr. 10 each				80,000	0	0			
II.—Debts and Liabilities of the Company				5,407	10	9			
III.—Profit and Loss Account—									
To 28th February, 1886	2,562	7	3						
„ 2nd November, 1886	1,277	7	5						
„ Reserve Fund	5,000	0	0						
	8,839	14	8						
„ 28th February, 1887	4,933	6	10						
				13,773	1	6			
							99,180	12	3

Lstr. 99,180 12 3

MINING CMOPANY LIMITED.
loss Account.
from 3rd Nov. 1886 to 28th Feb. 1887.   Cr.

	L. s. d.	L. s. d.	L. s. d.
By Balance brought down	5,277 7 5	4,933 6 10	10,210 14 3
„ Reserve Fund transferred as per Resolution of 8th March 1887	5,000 0 0		5,000 0 0
„ Balance from last Account	2,562 7 3		2,562 7 3
	Lstr. 12,839 14 8	4,933 6 10	17,773 1 6
„ Balances brought down	8,839 14 8	4,333 6 10	13,773 1 6

28th February, 1887.   Cr.

Property and Assets.

	L. s. d.	L. s. d.	L. s. d.
IV.—Property—48 Claims	54,150 0 0		
Removal of Reef from New Claims	722 8 5		
	55,172 8 5		
Roadway 7 Half Claims	902 6 11	56,074 15 4	
V.—Pland and Machinery	22,005 1 11		
Tramway	3,158 11 6		
Kimberley Office Furniture . . .	45 13 3		
London	17 3 1		
	25,226 9 9		
Less Depreciation	1,200 0 0	24,026 9 9	
			80,101 5 1
VI.—Stocks in Hand—Diamonds	3,412 10 0		
Blue Ground 93,860 loads at 2/6 .	11,732 10 0		
Stores at Kimberley and in Transit	407 17 5		
			15,552 17 5
VII.—Company's License, Fire and Marine Insurance paid in avance . .			65 14 0
VIII.—Debts due to the Company			43 15 0
IX.—Cash in London Office	7 2 3		
„ Union Bank	337 0 4		
„ Bank of Africa Limited . .	572 18 2	917 0 9	
Loan against Securities		2,500 0 0	
			3,417 0 9
			Lstr. 99,180 12 3

THE BULTFONTEIN
Dr. Balance Sheet

	£	s.	d.	£	s.	d.
To Share Capital—						
Authorized	140,000	0	0			
Subscribed	133,620	0	0			
viz :—						
5,681 Ordinary Shares of £20 each	113,620	0	0			
500 A Shares of £10 each . .	5,000	0	0			
3,000 B Shares of £5 ech . .	15,000	0	0			
				133,620	0	0
,, 6% Debentures	3,500	0	0			
,, Creditors—						
Ochs Brothers (exclusive of Managers' Commission) . . .	1,154	10	9			
Sundry Creditors	6,673	5	2			
On Bills Payable	1,000	0	0			
Purchase of Land Claims . . .	10,813	2	3			
				19,940	18	2
,, Holders of A and B Shares—						
Dividends of 1884-5 due to them				3,761	10	0
,, Reserve Fund				2,000	0	0
,, Profit & Loss Account, 1884-5—						
Balance as per last Account. .	34,687	5	10			
Deduct—						
5% Interest on Ordinary Shares, Managers' Commission, Dividends on Ordinary, A and B Shares, and amount carried to Reserve Fund	23,767	10	0			
	10,919	15	10			
,, Profit & Loss Account, 1885-6—						
Net Profit for the year ending 31st May, 1886 (subject to Managers' Commission) as per Profit and Loss Account	40,106	9	4			
				51,026	5	2
,, Liability on Bills Receivable Discounted	487	15	1			
				£ 213,551	14	1

MINING COMPANY LIMITED.
31st May, 1886.   Cr.

	£	s.	d.	£	s.	d.
By Mines Account—						
Purchasee of 89½ Land Claims and Plant and Machinery thereon, including £ 20,000 Founders' A and B Shares, per contra	71,000	0	0			
Purchase of 13½ additional Land Claims	10,154	13	9			
Further Purchases of 57½ Land Claims	10,813	2	2			
Additional Plant ang Machinery, and transport and erection of same and Buildings and Works, per last account 72,099 8 6						
Additions and extensions during the year 3,539 8 9						
	75,638	17	3			
	167,606	13	3			
Deduct—						
Depreciation, as per last Account . . 7,000 0 0						
Do. for the year 3,000 0 0						
	10,000	0	0			
				157,606	13	3
„ Stock on hand—						
Diamonds on hand in London, 1,956 carats	2,000	0	0			
Estimated Stock of Blue Ground on floors, 271,836 16ft. loads at 3/6 per load	47,571	6	0			
Stores	2,984	8	3			
				52,555	14	3
„ Chash at Bankers and in hand . .				989	6	7
„ Bills Reccivable				3,000	0	0
				£ 213,551	14	1

Profit and Loss Account for
Dr. (Including Expenditure at the Mines and

	£ s. d.	£ s. d.
To Working and General Expenses—		
At the Cape		
Stores 25,518 13 10		
General Expenses 12,142 11 1		
Salaries, &c. . . 4,175 15 8		
Wages 32,681 5 0		
Bank Charges . . 1,125 19 0		
Office Rent . . . 62 0 0	75,706 6 7	
In London :		
General Expenses 222 0 3		
Directors's Remuneration . . . 1,240 8 0		
Legal Expenses, Accountants, Charges and Auditors' Fee 274 9 5		
Stationery and Printing . . . 29 7 8	1,766 5 4	
		77,472 11 11
,, Marine Insurance of Diamonds		304 13 9
,, Interest and Discount		297 18 11
,, Depreciation of Plant, Machinery, &c.		3,000 3 3
,, Balance, net Profit (subject to Managers' (Commission) carried to Balance Sheet		40,106 13 11
		£ 121,181 13 11

the Year ending 31st May, 1886.
Finds of Diamonts to 29th May, 1886.) Cr.

	£ s. d.	£ s. d.
By Diamonts—		
Sales at the Cape 34,319 Carats	33,381 10 0	
,, in London . 77,712 ,,	71,498 17 3	
	104,880 7 3	
Less—Commission and Brokerage	1,727 1 5	
	103,153 5 10	
Deduct—Stock on hand at 31st May, 1885, 8.279½ carats 6,525 0 0		
Less—Stock on hand at 31st May, 1886, 1,956 carats 2,000 0 0	4625 0 0	
		98,628 5 10
,, Blue Ground—		
Stock on hand 31st May, 1886, 271,836 16 ft. loads at 3/6 per load		
Less—Stock on hand 31st May, 1885, 164,464 16 ft. loads at 3/6 per load	28,781 7 7	
		18,789 18 6
,, Rent of Claims an Sundry Receipts		3,567 0 0
,, Rebate on Bills paid before maturity		196 9 7
	£	121,181 13 11

GRIQUALAND WEST DIAMOND MINING

Statement of Liabilities and

Liabilities.

Capital Account . . . £ 335,740	0	0	
Less Reserved Shares			
not issued . . . 50,000	0	0	
	£ 285,740	0	0
Bills Payable	396	0	0
Sundry Creditors	1,251	6	10
Wages Account in Supense			
Wages due from 27th to 30th Sept. .	850	0	0
Profit and Loss	25,432	5	5
	£ 313,669	12	3

COMPANY, DUTOITSPAN MINE, LIMITED.

Assets 30th September, 1886.

Assets.

	£	s.	d.
Claim Account—			
139 Claims	£268,515	16	9
Machinery and Plant Account	30,000	0	0
Live Stock Account—			
78 Horses and Mules	1,248	0	0
Office Furniture	186	0	0
Blue Ground on Floors—			
62,500 loads at 2s.	6,250	0	0
Diamonds—			
On hand (since sold)	3,825	0	0
Bills Receivable	171	6	0
Stamps	10	0	0
Cash	3,463	9	6
	£313,669	12	3

CRIQUALAND WEST DIAMOND MINING
Profit and Loss Account for the

Claim Licences and Rates	£ 3,517	2	9					
Detective Rate	434	7	6					
Government Trading License	142	18	0					
				£ 4,094	8	3		
Wages Account				58,104	19	5		
Working expenses Account				9,080	17	6		
Fuel Account				10,823	13	6		
Produce Account				2,780	0	8		
Water				4,606	4	6		
Explosives				2,163	19	11		
Percentage				1,296	11	6		
Brokerage and Valuation				1,289	11	6		
Charges	1,363	16	9					
Do. Parliamentary Expenses	100	0	0					
				1,463	16	3		
Directors' Fees				198	9	0		
Auditors' Fees for 1885	50	0	0					
Do. Half of 1886	25	0	0					
				75	0	0		
							£ 95,977	5 4
Interest Account				510	15	7		
Remuneration to Directors voted at last Annual General Meeting				500	0	0		
Additional Machinery and Plant purchased during year, now written off				2,716	10	1		
Live Stock Account amount written off				123	11	6		
Machinery and Plant written off for depreciation				4,337	9	4		
							8,193	6 6
Special Expenditure (purchase of 100 shares)							270	0 0
Balance on 30th September, 1885				7,857	10	6		
Dividend No. 1	2,867	8	0					
„ „ 2	5,714	16	0					
				8,552	4	0		
Balance of Profit 30th Sept.1886				17,844	14	11		
							26,426	18 11
							34,014	9 5
							£ 138,455	1 3

COMPANY, DUTOITSPAN MINE, LIMITED.
Year Ending 30th September, 1886.

By Balance brought forward from 30th Sept., 1885	£ 7,587	10	6
„ Diamond Account	129,040	0	3
„ „ „ No. 2— (Lumps and Debris washed on shares)	363	15	6
„ Rent received for use of Washing Gear	45	0	0
„ Blue Ground Sold	208	15	0
„ Increase of Blue Ground on Floors, estimated at cost of hauling and depositing, viz.: 62,500 loads on floor 30th Sept, 1886, Less 50,400 loads on floor 30th Sept., 1885.			
12,100 at 2s.	1,210	0	0
	£ 138,455	1	3

THE ANGLO-AFRICAN DIAMOND

Dr.

Profit & Loss Account for

	£	s.	d.	£	s.	d.
To Expenses in South Africa—						
Wages and Salaries. . . . . . . , . .	32,670	13	5			
Fuel	4,883	8	11			
Forage	2,122	15	2			
Explosives	1,796	11	9			
Material and Stores consumed	4,880	16	7			
Licences, Rates, & Co..	3,946	8	2			
Pumping Water from Mine	1,266	17	4			
Water purchased.	2,412	9	0			
Sundry Expenses—including Commission on Sales of Diamonds, Decrease in value of Live Stock, Colonal and Indian Exhibition, Diamond Mine Union, Stable Repairs, Legal Expenses, Auditors' Fees, Petty Cash Expenditure	1,738	4	2			
Exchange and Bank Charges	235	10	8			
Medical Expenses	102	6	0			
Telegrams	182	8	11			
Postage, Stationery, Printing and Advertising	139	9	9			
				56,377	19	10
„ Expenses in London—						
Salaries	326	0	0			
Rent	152	15	0			
Telegrams	82	11	0			
Stationery, Printing & Co.	31	7	7			
General Charges	109	7	3			
	702	0	10			
Directors' Remuneration	1,000	0	0			
				1,702	0	10
„ Interest				717	6	6
„ Balance—Profit				10,855	18	3
				£69,653	5	5

MINING COMPANY, LIMITED. LONDON.
Year ended 31st December, 1886.   Cr.

		£ s. d.	£ s. d.
By Diamond Account—			
Disposed of in Sth. Afrika	52,643¾ Carats	69,428 1 5	
Add—			
Stock 31st Dec., '86 C. 756¼	£950 0		
Deduct—			
Stock 31st Dec., '85 C. 111	645¼ 265 16		
		684 4 0	
Total Finds	53.289 Carats	70,111 5 5	
„ Blue Ground Account—			
Stock 31st Dec., '85, 79,438 lds.			
at 3/- per load	£11,915 14		
Stock 31st Dec., '86, 75,918 lds.			
a. 3/- per load	£11,387 14		
Deduct Decrease . 3,520 lds. at 3/- p. ld.		528 0 0	
			69,53 5 5
„ Transfer Fees			70 0 0
			£69,653 5 5
Dec. 31.—By Balance—Profit			10,855 18 3

THE ANGLO-AFRICAN DIAMOND

Dr. Balance Sheet for Year

	£	s.	d.	£	s.	d.
To Autorised Capital—	650,000	0	0			
„ Cadital issued—						
64,884 Ordinary Shares of £10 each, fully paid	648,840	0	0			
5 Ordinary Shares forfeited—received thereon	5	0	0			
64,889	648,845	0	0			
1,110 Founders' Shares of £1 each.	1,110	0	0			
„ Creditors— Vendors.						
Sundry in London and South Africa	18,151	13	7			
				21,151	13	7

£671,106 13 7

MINING COMPANY, LIMITED. LONDON.
ended 31st December, 1886.   Cr.

	£ s. d.	£ s. d.
By Capital Expenditure—		
Claims, Plant, Machinery, Tramway, & Co.		635,754 15 1
„ Office Furniture		113 5 3
„ General Stocks—		
Horses and Mules	1,132 3 0	
Sundry Stores	4,563 10 3	
		5,695 13 3
„ Stock of Blue Ground—		
75,918 Loads at 3/- per load		11,387 14 0
„ Stock of Diamonds—		
756¼ Carats valud at		950 0 0
„ Sundry Debtors in South Africa		44 3 0
„ Cash at Bankers—		
In London	922 12 11	
In South Africa	2,677 12 4	
		2,970 5 3
„ Cash in hand—		
In London	22 3 5	
In South Africa	935 5 4	
		957 8 9
„ Profit and Loss—		
Loss to 31st December, 1885	24,089 7 4	
Profit to 31st December, 1886	10,855 18 3	
		13,233 9 1

£671,106 13 7

THE PHŒNIX DIAMOND
BALANCE
Dr. 31st Decem

LIABILITIES.

	£	s.	d.
To Capital Account—			
30,007 Shares *a* £ 10	300,070	0	0
„ Billt Payable	1,015	7	6
„ Sundri Creditors — Du Toit's Plan £ 712 6 7			
„ „ „ London ... 99 6 11			
	811	13	6
„ Directors' Fees	621	12	0
Balance	9,143	11	11
	£ 311,662	4	11

PROFIT AND
Dr. From 1st January to

	£	s.	d.	£	s.	d.
To Live Stock	93	8	0			
„ Machinery and Plant	269	3	4			
„ Salaries	1,350	0	0			
„ Wages	20,848	9	0			
„ Percentages	555	9	0			
„ Stores	1,469	7	8			
„ Fuel	7,478	17	2			
„ Produce	2,533	11	11			
„ Explosives	2,039	12	9			
„ Rates and Licenses	1,746	18	4			

MINING COMPANI, LIMITED.

SHEET,

ber, 1885.   Cr.

ASSETS.

		£	s.	d.
By Claims Acconnt, a £ 5,000		260,000	0	0
„ Stock on hand Account, viz.:—				
Machinery and Plant	£ 23,481 9 4			
Blue Ground (109,381 loads)	13,481 7 6			
Buildings	3,610 10 0			
Tramway	3,341 1 7			
Stores	1,671 13 11			
Waterworks at Blankenberg's Vley	988 3 2			
Explosives	410 2 8			
Fuel	200 0 0			
Live Stock	910 0 0			
Produce	26 13 4			
Office Furniture, Du Toits' Pan	40 0 0			
„ „ London	82 9 10			
Diamonds	1,225 0 0			
Be Ground purchased	617 8 0			
		50,085	19	4
„ Cash—				
Du Toit's Pan	1,529 4 9			
London	47 0 10			
		1,576	5	7
		£ 311,662	4	11

LOOS ACCOUNT,

31st December, 1885.   Cr.

	£	s.	d.	£	s.	d.
By Biamond Account—						
Diamonds sold	55,442	8	9			
„ on hand 931 cts., estimated at	1,225	0	0			
				56,667	8	9
„ Blue Ground Account—						
Blue Ground on floor 31st December, 1885	106,831 loads					
Blue Ground on floor 1st January, 1885	67.201 „					
Increase at 1s. 6d.	50,730 „	3,841	5	0		

PROFIT AND
Dr. From 1st January to

	£	s.	d.	£	s.	d.
„ Water	4,285	12	5			
„ Contractors	5,893	3	11			
„ Brokerages	253	13	3			
„ Bank Charges	338	9	1			
„ General Charges	820	19	3			
„ Gravel Sorting ong Shares	156	2	6			
„ Maintenance Account	188	3	9			
„ Directors's Fees	327	12	0			
„ Blue Ground Purchased	32	12	0			
„ Native Uniforms	16	8	9			
„ Ground Hired	1,100	0	0			
„ Bad Debts—						
A Goldschmidt ... £ 304 10 2						
W. Shilling 60 0 0						
364 10 2						
Less Deposits Realized 211 0 5						
	153	9	9			
„ Office Furniture—Depreciation	10	0	0			
„ Loss on Shipments	193	11	11			
„ Insurance	42	1	1			
				52,196	14	10
„ Balance being Profit for 1885				8,289	8	11
				£ 60,486	3	9
31st December, 1885—						
To Balance Caried Forward				£ 9,143	11	11

Dr. REVENUE

1886.	£	s.	d.	£	s.	d.
May 31. To Amount Proposed To Write off—						
Machinery and Plant	3,481	9	4			
Buildings	510	10	0			
Waterworks	638	3	2			
				4,530	2	6
To Progosed Dividend of 2/6 per						
Share, Free off Income Tax	3,750	17	6			
Income Tax	125	0	8			
				3,875	18	2
Balance carried forward				737	11	3
				£ 9,143	11	11

LOSS ACCOUNT,
31ste December, 1885.

	£	s.	d.	£	s.	d.
				59,667	8	9
	3,841	5	0			
Deduct Top Blue—						
On hand 1st January, 1885 3,000 loads						
,, 31st Deceber, ,, 2,550 ,,						
Decrease at 1s. .. 450 loads	12	10	0			
				3,818	15	1
				£ 60,496	3	9

	£	s.	d.	£	s.	d.
31st December, 1884—						
By Balance form 1884, Profit ...	£ 844	3	2			
31st December, 1885—						
By Balance brought down	8,289	8	11			
				£ 9,142	11	11

ACCOUNT. Cr.

1886.	£	s.	d.
January 1. By Balance of Profit and Loss Account ..	9,143	11	11
	£ 9,143	11	11

THE PHŒNIX DIAMOND
BALANCE SHEET,

DR.

LIABILITIES.

	£	s.	d.
To Capital Account—			
30,007 Shares à Lstr. 10	300,070	0	0
„ Bills Payable	56	3	8
„ Sundry Creditors—Du Toit's Pan Lstr. 1,041 15 6			
„ „ „ London .. 1,465 3 10			
	2,506	19	4
„ Suspense Account	38	2	7
„ Balance	8,308	9	0

Lstr. 310.979 14 7

DR.   PROFIT AND LOSS ACCOUNT, From

Dec. 31st.

	£	s.	d.	£	s.	d.
To Blue Ground Account	4,194	5	0			
„ Buildings	210	10	0			
„ Live Stock	156	19	0			
„ Machinery and Plant	102	12	0			
„ Salaries	1,350	0	0			
„ Wages	28,604	0	4			
„ Percentages	663	2	6			
„ Stores	2,246	6	6			

MINING COMPANY (LIMITED).

31st DECEMBER, 1886.   CR.

ASSETS.

		£	s.	d.
By Claims Account, 52 à Lstr. 5,000		260,000	0	0
„ Stock on Hand Account, viz.:—				
Machinery and Plant . . Lstr.	22,178 8 8			
Blue Ground	9,287 2 6			
Buildings	4,078 8 1			
Tramway	3,341 1 7			
Stores	1,441 15 7			
Waterworks at Blankenberg's Vley	350 0 0			
Explosives	489 10 5			
Fuel	159 10 0			
Live Stock	1,233 0 0			
Produce	52 12 6			
Office Furniture—Du Toit's Pan	40 0 0			
„ „ London	82 9 10			
		42,733	19	2
„ Sundry Debtors		84	14	0
„ Cash—				
Du Toit's Pan	4,152 0 10			
London	2,018 0 1			
		6,170	0	11
„ Diamonds on Hand—				
Du Toit's Pan	1,773 6 3			
London	217 14 3			
		1,991	0	6
		£ 310,979	14	7

1st JANUARY to 31st DECEMBER, 1886.   CR.

	£ s. d.	£	s.	d.
By Diamond Account, viz.:—				
Diamonds sold	79,498 14 9			
„ on hand, 1,013½ carats	1,773 6 3			
„ on hand in London	217 14 3			
		81,489	15	3

DR.				PROFIT AND LOSS ACCOUNT,		
To Fuel	6,730	5	2			
,, Produce	2,057	19	1			
,, Explosives	2,010	13	5			
,, Rent, Rates, and Licenses	2,412	18	7			
,, Water	3,166	14	1			
,, Contractors	9,003	6	3			
,, Brokerages	412	19	0			
,, Bank Charges	81	12	5			
,, Office Expenses	525	16	1			
,, Incidental Expenses	57	6	9			
,, Working ,,	658	16	9			
,, Gravel Sorting on Shares	229	5	0			
,, Maintenance Account	1,568	0	4			
,, Directors' Fees	291	19	5			
,, Blue Ground Purchased	617	8	0			
,, ,, ,, Hired	1,200	0	0			
,, Joint Guarding and Searching	1,268	14	6			
,, Bad Debt	48	15	0			
,, Loss on Shipments	145	19	4			
,, Interest Account	22	12	10			
,, Insurance	4	2	9			
				70,042	19	4
,, Balance being Profit for 1886				11,446	15	11
31st December, 1886				£. 81,489	15	3
To Balance carried forward				20,590	7	10
				£ 20,590	7	10

DR.						REVENUE		
1886.						£.	s.	d.
June 15.	To Dividend of 2/6 per Share Free of Income Tax					3,750	17	6
	,, Amount written off—							
	Machinery and Plant	£.	3,381	9	4			
	Buildings		510	10	0			
	Waterworks at Blankenberg's Vley		638	3	2			
						4,530	2	6
Oct. 15.	,, Interim Dividend of 2/6 per Share					3,750	17	6
	,, Income Tax on ditto					125	0	8
	Balance carried down					8,308	9	0
						£. 20,590	7	10

1st JANUARY to 31st DECEMBER, 1886. CR.

£ 81,489 15 3

31st December, 1885—
By Balance from 1885 Profit . . . 9,143 11 11
31st December, 1886—
„ Balance brought down 11,446 15 11
                                                    20,590 7 10

£. 20,590 7 10

ACCOUNT. CR.

1886. £. s. d.
Dec. 31. By Balance of Profit and Loss Account . 20,590 7 10

£. 20,590 7 10

	Number of loads of Blue hauled.	Number of loads of Carats washed.	Number of Blue of Diam. found.	Amount realized by sale of Diamonds.	Number of Carats per load of Bl.	Amount realized per load.	Blue on floors loads.
Central for year ended 31. October 1886 .	234625	131062	174569	£ 159,288 8 6	1,32	ca. 21/	103200
Standard 30. November 1886 .	195200	175466	235476	„ 246,090 1 8	1,37	28'/₂|	65500
De Beers Mai 1887	589317	487295	560253	„ 517,103 18 4	1,15	21/2²/₃	238133
French Desterre 31. December 1886 .	258661	209005	76267³/₄	„ 76,500 ca.	0,36	0,334	86775
Griqualand 30. Sept. 86	464052	451932	87727	„ 124,837	0,193	5/6¹/₄	62500
Phönix 31. Dez. 1886	249547	303212	59556	„ 81,499	0,20	0,31	92870
Anglo Afr. 31. Dez. 86	187912	191432	53289	„ 70 111	0,27	0,279	75918

Und nun zum Schluss noch einige Worte über die in Angriff genommene Union aller Diamatgesellschafteu Südafrikas.

Auf Seite 21 haben wir kurz der Vortheile erwähnt, welche der Diamantenindustrie aus diesem Werk erwachsen sollen, und das stolze Schlagwort ausgesprochen, unter dem das Projekt durchgeführt wird: „Die Union wird der Welt den Diamantpreis dictiren."

Wie so manches auf diesem Gebiet, ist auch dies Wort vielfach falsch verstanden worden; so glauben die Londoner Diamanthändler in Hatton Garden, wie aus mehreren Correspondenzen, die mir, als von Fachleuten kommend, vorgelegt wurden, allen Ernstes, dass die Union, gleich einem amerikanischen Waarenring ganz ohne Weiteres den Diamantpreis um 100 Procent erhöhen und nicht eher abgeben werde, bis dieser Preis zu erreichen sein würde.

Dass die bewährten Leiter der Diamant-Gesellschaften nicht so thöricht zu Werke gehen werden, will ich durch eine kurze Betrachtung des Diamant-Consums klar zu machen versuchen.

Folgendermassen stellte sich die Juli-Production dieses Jahres:

Mine.	No. of carats.	Valuation.			Average per carat.	
		£	s.	d.	s.	d.
Kimberley....	104,563¼...	114,973	16	3...	21	11¾
De Beer's....	62.828½...	61,821	19	6...	19	8
Du Toitspan..	51,790¼...	72,943	15	6...	28	2
Bultfontein...	38,861¼...	38,130	2	6...	19	7¼
Total...	258,043¼...	287,869	13	9...	22	3½

Danach würde die Jahresproduction bei heutigem Preise, einen Betrag von £ 3,456,000 ausmachen. Die Statistik der letzten Jahre hat nun gezeigt, dass die Welt 3½ bis 4 Millionen Pfund jährlich für Diamanten ausgiebt. Eine erheblich höhere Summe würde für diesen Luxus so urplötzlich nicht vorhanden sein, und wenn der Geldwerth auch fällt und der Luxus mithin zunimmt, so darf doch nicht ausser Betracht gelassen werden, dass der Diamant nicht wie andere Luxusartikel, wie Austern und Caviar, consumirt wird, sondern, dass die Production älterer Jahrgänge früher oder später immer wieder in den Handel kommt, und die einzige aber auch mächtige Concurrentin der zukünftigen Union sein wird.

So wie es sich die Herren in Hatton Garden denken, wird die Union also nicht vorgehen können, ich meine vielmehr, sie wird ihre Thätigkeit damit beginnen, die Production erheblich einzuschränken, um auf diese Weise allmählich bessernd auf den Diamant-Preis einzuwirken. Die Preise von 1881/82, 25—27 Schilling pro Karat, also 20 Procent mehr als die heutigen, dürften auf diese Weise wohl zu erreichen sein.

Bei diesem Prinzip würde mit einer geringeren Produktion, also auch mit geringeren Produktionskosten derselbe Erlös erzielt werden, und die Bodenschonung würde die Ertragsfähigkeit der

Werke nicht nur verlängern, sondern auch den tieferen, natürlich kostspieligeren Abbau in weitere Zukunft hinausschieben.

Unter zu Grundelegung der Juli-Produktron würde sich

für:	das Brutto Erträgniss pro Jahr auf:	und minus ermässigter Kosten:	das Netto Erträgniss auf:
Kimberley	Lstrl. 1 380 000	40 pCt.	Lstrl. 828 000
De Beers	„ 744 000	50 „	„ 372 000
Dutoitspan	„ 876 000	80 „	„ 214 000
Bultfoutein	„ 456 000	70 „	„ 137 000
	Lstrl. 3 456 000		Lstrl. 1 551 000

ganz ungefähr geschätzt, stellen.

Wenn nun die ankaufende grosse De Beers-Compagny den Kauf, wie es den Anschein hat, mit neu zu emittirenden De Beers Actien, die ca. 20 Lstrl. stehen, bewirken wird, so würden in Proportion des De Beers-Erträgnisses entfallen auf:

	Nom. Lstrl. ca.	4.450,000 de Beers Act.
Kimberley		
De Beers (das jetzige Actien-Capital)	„ „ 2,000,000	do.
Dutoitspan	„ „ 1,150,000	do.
Bultfoutein	„ „ 750,000	do.
Gesammtcapital in De Beers Act. Nominal Lstrl.	8,350,000	do.

In Kimberly mit 830 ca. Claims würde sich der Claimpreis im Durchschnitt auf: Lstrl. 10,000

„ De Beers mit 1100 „	do.	„ 3,600
„ Dutoitspan 1630 „	do.	„ 1,410
„ Bultfoutein 890 „	do.	„ 1,700

stellen.

Die für Dutoitspan und Bultfoutein angesetzten Beträge sind jedoch nicht unwesentlich zu kürzen, da dort, wie auf Seite 27 nachgewiesen, die Abbaumöglichkeit für eine allerdings ferne Zukunft fraglich wird.

Bekanntermaassen sind die Claims in den einzelnen Minen sehr verschiedenwerthig, neben einem reichen Block liegt, wie die absolut verschiedene Position nachbarlicher Gesellschaften zeigt, oft ein armes kaum abbaufähiges Terrain, mithin wird das für den Ankauf einer Mine aufzuwendende Capital natürlich nicht gleichmässig auf die Claims entfallen. — Es erübrigt also für uns nur noch herauszubringen, wie die oben ausgeworfenen Summen auf die einzelnen Compagnien zu vertheilen sind; um ein fertiges Bild der Fusion zu entwerfen. — Dessen bin ich leider nicht fähig, da mir die Verhältnisse der untergeordneten Compagnien und der Privat-Diggings nicht genügend bekannt sind.

Dennoch glaube ich einige allgemeine Conjecturen, ohne Gefahr zu laufen, von der nächsten Zukunft dementirt zu werden, aussprechen zu können. —

Wenn wir also davon ausgehen, dass nach Massgabe des Erträgnisses auf jede der vier Minen ein bestimmter Betrag de Beers Actien entfällt, und angesichts der allbekannten Thatsache, dass die in den einzelnen Minen arbeitenden Compagnien sehr verschiedenwerthig, muss es einleuchten, dass die in ihren Bezirken dominirenden Gesellschaften, weit über die Proportion ihrer Productionsziffer bei der Vertheilung bevorzugt werden müssen. Denn kränkliche und schwächliche Werke, die ohnehin nie auf festen Füssen stehen konnten, müssen der Union gegen ein Geringes in den Schoos fallen. — Es wird sich bei dieser Gelegenheit zeigen, wie ausserordentlich verständnissvoll Lippert bei der Auswahl der für den Europäischen Handel bestimmten Actien zu Werke gegangen.

Wenn ich mich nun von diesem Gesichtspunkt aus zu den einzelnen Minen wende, so muss ich das, so zu sagen, leitende Papier die De Beers Actie ausserhalb meiner Betrachtung lassen, da sie mir als Maassstab für die Werthbemessung der übrigen Actien dient, und ich mit ihr nur als mit einer gegebenen Grösse rechnen kann. — Nur so viel will ich sagen, dass die Compagnie, welche in Folge ihrer mächtigen Position dazu berufen ist, die Fusion in die Hand zu nehmen, wohl in erster Linie das Interesse der eigenen Actionäre im Auge behalten wird, zumal dies Interesse in Zukunft auch mit dem der zutretenden Gesellschaften identisch. — Dieser leitende Gedanke wird wohl alle particularistischen Interessen, die der Fusion hemmend in den Weg treten, bei Seite schaffen. —

Den reichsten Theil und zwar etwa zwei Drittel der Kimberley-Mine, also der productivsten Mine am Cap besitzt die vereinigte Central-Standart Company und die French Company. Den Kaufpreis letzterer kennen wir, es handelt sich also nur um die Frage, wie wird die Central-Company bei der Fusion fortkommen. Von dem Netto-Jahreserträgniss der gesammten Kimberley-Mine von Lstrl. 830,000 circa entfallen laut der vierzehntägigen Ausweise auf die Central-Mine der Löwenantheil von ca. Lstrl. 600,000 bei einem Actien-Capital von Lstrl. 1,217,200. — Die De Beers Company erzielt bei einem Actien-Capital von rund Lstrl. 2,000,000 etwa Lstrl. 372,000.

Mithin unterliegt es keinem Zweifel, dass eine Central-Actie, wenn ich auch das Erträgniss der schwereren Actie zu höherem Zinsfuss capitalisire, mindestens $2^1/_4$ vielleicht $2^1/_2$ De Beers Actien werth ist.

Wieso der Central-Cours so erheblich gegen den French- und De Beers-Cours zurückgeblieben, ist kaum erklärlich, vielleicht, weil dies Papier weniger als jene im Europäischen Handel, sondern hauptsächlich in den Portefeuilles der Capländer ruht.

Hier liegt der Schwerpunkt der Fusion. Eine Fusion ohne die Central-Company ist kaum denkbar, denn die Central-Company ist, wie vorstehende Productionsziffern beweisen, gewaffnet gegen die Union aller übrigen Werke Front zu machen, und deren Pläne zu durchkreuzen, desshalb wird die De Beers Company kein Opfer scheuen dürfen, um diesen Kampf um die Hegemonie über die Diamant-Industrie zu enden.

Wie sich die Dinge in Bultfontein und Dutoitspan gestalten werden, ist noch nicht zu übersehen. — In Bultfontein liegt der Schwerpunkt in der Bultfontein Mining Company, in French Desterre und Adamant. Mit der Ueberführung der ersteren Company zur De Beers Company beschäftigt sich bereits ein Syndicat unter Führung des Pariser Bankhauses Bardac, dasselbe hat wenig Schwierigkeiten zu überwinden, da diese Actien in Händen eines nicht grossen Interessenten-Kreises. —

In Dutoitspan handelt es sich vornehmlich um die seit vorigem Jahr so mächtig aufblühende Griqualand West Company, welche, wie wir Seite 39 gesehen haben, wahrscheinlich im Vorgefühl der Union, in der eigenen Nachbarscaft grosse Terrains anwirbt; ferner um den Oestlchen Block, der Anglo African Company und der Orion Company. — Die am Reef und im mittleren Block gelegenen Werke sind sämmtlich minderwerthig. — Von einiger Bedeutung ist noch der Rulina Block, der am Griqualand West grenzend, den Anschluss an diese Compagnie gewinnen möchte.

Die Ausbeute von Griqualand betrug für das Jahr, endend am 30. September 1886 ca. 129,000 Lstrl., mithin ca. 15 Procent der Gesammtausbeute von Dutoitspan (876,000 Lstrl.). Wenn nun nach unserer Aufstellung auf Dutoitspan 1,150,000 Lstrl. De Beers Act. nominal entfallen, und wir aus den bereits besprochenen Gründen diesen Betrag um 10 Procent auf 1,035,000 Lstrl. nom. De Beers Act. reduciren, so würden hiervon 15 Procent, also 155,250 Lstrl. Nom. De Beers Actien auf Griqualand West (in ihrer jetzigen Gestalt), oder bei 28,574 Actien auf jede Actie 0,55 De Beers Actien, diese zum Course von 20 Lstrl. gerechnet, 11 Lstrl. entfallen.

Ich glaube, wenn die Actionaire der verschiedenen Gesellschaften nach Analogie der vorstehenden beiden Beispiele (Central und Griqualand) verfahren, so werden sie in den bevorstehenden Fusions-Meetings zu beurtheilen wissen, was sie von der anwerbenden De Beers Company für ihren Besitz zu fordern haben.

Bei Erscheinen meiner kleinen Schrift „Ein Wort über den Stand der namhaftesten Diamantcompagnieen Südafrikas" im Juli dieses Jahres notirte ich die Preise von:

De Beers Lstr. 15$^{1/4}$, Central Lstr. 20$^{1/2}$, Standart Lstr. 18$^{3/4}$. French Desterre Lstr. 6, Griqualand Lstr. 6, Phönix Lstr. 2$^{1/2}$, Anglo 2$^{1/8}$
und heut bezahlt man für

De Beers Lstr. 20, Central Lstr. 30, French Desterre 7$^{1/2}$, Griqualand Lstr. 8$^{1/2}$, Anglo Lstr. 3$^{1/2}$.

Ich bin überzeugt, dass ich nach weiteren drei Monaten über neue erhebliche Preissteigerungen zu berichten haben werde. Damals hatte ich fast ausschliesslich mit der wiedererwachten Speculation am Cap zu rechnen, heut haben die Diamantwerke bereits das Interesse der Europäischen Börsen erobert, und wenn es mir gelungen sein sollte, den geduldigen Leser zu überzeugen, dass es ebenso schwer und ebenso leicht, vielleicht sogar noch leichter ist, einen Einblick in die Verhältnisse der Südafrikanischen

Diamant-Compagnieen, als in die, örtlich näher gelegener industrieller Unternehmungen zu gewinnen, — so werden diese Zeilen ihren Zweck, das Interesse für die Actien der genannten Compagnieen in immer weitere Kreise zu tragen, nicht verfehlen.

Berlin, im September 1887.

Während des Drucks

dieser Zeilen vollzog sich ein Ereigniss von grosser Bedeutung für die gesammten Diamantwerke. Vor etwa einem Jahr knüpfte die Central Mine mit der inmitten ihres Terrains liegenden French Mine (Compagnie francaise) Fusionsverhandlungen an, die indess an den hochfahrenden Forderungen der French Compagnie scheiterten. — Die French Compagnie mag wohl die Verhandlungen nicht energisch genug betrieben, und nicht geahnt haben, dass die De Beers Compagnie plötzlich als Mitbewerberin auftreten würde, um, nachdem sie das ganze De Beers Feld erobert, auch im Herzen Kimberley's festen Fuss zu fassen. In der That kam zwischen der De Beers Compagnie und der French Compagnie ein Präliminar-Vertrag unter glänzenden Bedingungen für letztere zu Stande, der ungefähr dahin ging, dass die De Beers Compagnie den French Actionairen 50,000 Stück Neue De Beers-Actien (vom October 1888 an den Erträgniss theilnehmend) und 200 000 Lstr. 5 proc. De Beers Debentures für ihren Besitz offerirte. Der Vertrag sollte in der am 6. October 1887 stattfindenden Generalversammlung von den French-Actionairen sanctionirt werden. — Man war dessen so sicher, dass ein Syndicat unter Führung des Hauses Rothschild in London die neuen Actien inzwischen à 14¼ Lstr. übernahm, um sie mit den French-Actionairen 10 Shilling unter dem Tagescourse vom 6. October, jedoch nicht unter 16 Lstr. und nicht über 20 Lstr. zu verrechnen. Die Hälfte vom Syndicats-Nutzens sollte der De Beers Compagnie zufallen.

Die naheliegende Frage, wesshalb das Syndikat überhaupt gebildet worden, und warum die Gesellschaft nicht selbst der French Compagnie die neue Actien offerirt, ist dahin zu beantworten: Da zwischen dem Präliminar-Vertrag und der Sanctionirung durch die Generalversammlung, mehr als drei Monate lagen, so musste sich die De Beers Compagnie unter allen Umständen den Emissions-Cours für die neuen Actien, und gleichzeitig ihren Theil am eventuellen Coursgewinn sichern.

Wenige Tage vor der verhängnissvollen General-Versammlung trat die Central-Compagnie wiederum mit einer neuen Offerte an die French-Verwaltung heran, welche die Entscheidung der Generalversammlung sehr in Frage gestellt hätte. Der Kampf „hie Central, hie De Beers" wurde in Paris und London bis aufs Messer geführt. Man zahlte riesige Preise für das Stimmrecht — da traf unmittelbar vor dem Tage der Entscheidung die Nachricht aus Kimberley ein, dass die Todfeindinnen, Central und Beers sich wie folgt geeinigt hätten.

Nachdem die De Beers Compagnie mit der General-Versammlung der French Compagnie contrahirt hat, tritt erstere alle Rechte an die Central-Compagnie ab; indem sie ihr die fraglichen Titres (50 000 Stück Beers Actien und 200 000 Beers Debentures) zur Uebergabe an die French Compagnie, welche in den Besitz der Central-Compagnie übergeht, ausliefert. — Die Central-Compagnie dagegen befriedigt die De Beers Compagnie durch 40 000

Stück neue Central-Actien, welche im Reserve-Fond der Beers Compagnie verbleiben sollen. Es ist nicht zu verkennen, dass durch diesen bewundernswerthen Schachzug der Beers-Verwaltung, die allgemeine Fusion um ein gutes Stück vorgeschritten. Die Beers Compagnie besitzt nunmehr den vierten Theil der Central-Actien, und wenn sie nun weitere 41 000 Actien dieser Compagnie kauft oder kaufen lässt, so verfügt sie über die Stimmenmehrheit in der Central General-Versammlung, und kann die Fusion der Central und Beers Compagnie erzwingen.

Und diese Fusion denke ich, wird die Richtigkeit meines Exempels (Seite 109) beweisen, zumal die Beers Compagnie in Folge des eigenen Besitzes dann Käufer und Verkäufer in einer Person ist.

Am 5. October traf die Nachricht ein, dass die Beers Compagnie die letzten 16 Claims des De Beers Feldes (Schwab Gully Mine) für 45 000 Lstr. erworben habe, Das Capital der Schwab Gully Mine beträgt 122 000 Lstr. nominal. Der Cours der Actie bewegte sich jüngst um 3 Lstr., der Kaufpreis entspricht ca. $3^{6}/_{8}$ Lstr. pro Actie.